RELATION ORIGINALE

DE

JACQUES CARTIER

Lyon. — Imprimerie de Louis Perrin.

BREF RECIT ET SUCCINCTE NARRATION

DE LA

NAVIGATION

FAITE EN MDXXXV ET MDXXXVI

PAR LE CAPITAINE

JACQUES CARTIER

AUX ILES DE

CANADA

HOCHELAGA, SAGUENAY

ET AUTRES

RÉIMPRESSION FIGURÉE

DE L'ÉDITION ORIGINALE RARISSIME DE MDXLV

AVEC LES VARIANTES DES MANUSCRITS

DE LA BIBLIOTHÈQUE IMPÉRIALE

PRÉCÉDÉE

D'UNE BRÈVE ET SUCCINCTE

INTRODUCTION

HISTORIQUE

PAR M. D'AVEZAC

PARIS

LIBRAIRIE TROSS

PASSAGE DES DEUX PAVILLONS (PALAIS-ROYAL), N° 8

1863

BREVE ET SUCCINCTE

INTRODUCTION

HISTORIQUE.

———

I.

Aucun peuple ne ſemble avoir tenu auſſi peu de compte que les Français de la part légitime qui devait lui appartenir dans l'hiſtoire des découvertes & de l'exploration des contrées lointaines; nul ne s'eſt montré ſi peu ſoucieux de la renommée que pourraient lui acquérir ſes aventures maritimes ou ſes pérégrinations terreſtres; & tandis que d'autres nations ſonnaient leurs plus éclatantes fanfares en l'honneur de leurs propres mérites, nous avons laiſſé perdre le ſouvenir des navigations & des voyages parallèlement accomplis avec moins de retentiſſement par nos aïeux, & qui nous font quelquefois accidentellement révélés, à notre grand ébahissement, par les récits des étrangers.

Qui donc, par exemple, nous pourra dire aujourd'hui quel était ce navire français dont l'arrivée à Canton est racontée sous la date de 1521 dans les Annales chinoises, à l'époque où le Portugal & l'Espagne prétendaient avoir seuls, par privilége, l'accès de ces mers? Bien d'autres de nos prouesses, surtout des plus anciennes, ont ainsi disparu, sans doute, de la mémoire des hommes.

Les entreprises officielles patronnées par le souverain ont presque seules échappé à ce total oubli des contemporains & de la postérité; mais pour beaucoup d'entre elles, c'est à grand'peine encore qu'il se peut recueillir quelques lambeaux des relations où elles étaient racontées.

Tel est précisément le cas pour le célèbre navigateur breton qui le premier alla planter le drapeau de la France aux lieux où s'élèvent maintenant Québec & Montréal : sur ses trois voyages au Canada, nous sommes redevables à un collecteur italien (Ramusio) de nous avoir transmis le récit du premier dans une version que nous tenons volontiers pour fidèle, comme nous devons à un collecteur anglais (Hakluyt) d'avoir sauvé les fragments mutilés du troisième dans une traduction que nous voulons bien supposer exacte; c'est uniquement pour le second voyage qu'il est parvenu jusqu'à nous une relation originale française, émanée de l'un des compagnons de Jacques Cartier, sinon de lui-même : & de l'édition qui en fut faite à Paris en 1545, les bibliographes ne connaissent plus en Europe qu'un seul exemplaire, conservé au musée Britannique; c'est là qu'il a fallu en aller prendre une exacte copie à l'intention des amateurs qui attachent du prix à ces vieilles reliques, pour la reproduire fcrupuleufement dans le mince volume en tête duquel nous écrivons ces lignes.

II.

Les côtes derrière lefquelles s'étendent les parages explorés, pour la première fois fuivant toute apparence, par le célèbre malouin, avaient dès longtemps été reconnues, & la tradition a confervé la mémoire d'établiffements fort anciens en quelques parties de ce vafte littoral qui s'étend, vis-à-vis de l'Europe occidentale, depuis les abords de la zone torride jufqu'aux froides régions arctiques.

Les enfants de la verte Erin, qui de nos jours émigrent en fi grand nombre vers les Etats de l'Union américaine, avaient, comme aux Fær-œr & comme en Iflande, devancé pareillement fur cette marge extrême de l'Océan occidental, les aventuriers fcandinaves, qui partout les rencontrèrent déjà établis : quand le chef iflandais Are Marfon, le trifaïeul du favant Are Froda, fut jeté par la tempête en 983 fur ces lointains rivages, que les fagas du Nord ont appelés *Irland it Mikla*, ou la Grande-Irlande, il y fut recueilli par une population chrétienne, qui le baptifa & le retint au milieu d'elle ; c'eft là que feize ans après vint fe réfugier Biœrn Asbrandfon, s'arrachant à l'amour de la belle Thurida pour fuir la colère d'un frère offenfé ; & il avait paffé vingt-huit années fur cette terre étrangère quand y aborda fon compatriote Gudleif Gudlangfon, parti de Dublin pour retourner en Iflande, pouffé par les vents du

nord-eft jufque par delà l'Océan, furpris d'y entendre encore les fons de la langne d'Erin, mais
reprenant auffitôt la mer, grâce à l'entremife de
Biœrn, & emportant de la part du vieil exilé un anneau d'or pour fa bien-aimée Thurida, & une épée
pour Kiartan, le fils qu'il avait eu d'elle.

A côté de ces veftiges des anciennes émigrations
tranfatlantiques des Irlandais, leurs voifins les Gallois ont peut-être auffi une place à revendiquer pour
eux-mêmes : du moins fe conferve-t-il chez eux une
certaine tradition des navigations occidentales de
Madoc, le fecond des fils d'Owen Guynedd, un de
leurs princes ; fuyant les difcordes inteftines de fa
propre famille, il partit en 1170 pour aller à la découverte vers ces lointains parages, y choifit un
lieu à fa convenance où il débarqua cent vingt
hommes, & revint équiper en Europe une flotille
de dix navires pour tranfporter dans ce nouvel établiffement tous les éléments d'une colonie permanente ; mais là s'arrête la vieille légende, & quelques
vers gallois du quinzième fièle ont feuls tardivement
confacré le fouvenir de l'entreprife de Madoc ap
Owen.

III.

Les établiffements fcandinaves offrent à notre in-
veftigation plus de certitude, de fuite & de durée.
L'iflandais Biarne Hériulfson, écarté pendant une
brume intenfe de fa route vers le Grœnland où il
allait retrouver fon père, avait aperçu & côtoyé en
986 des terres inconnues vers l'occident, d'où il
avait regagné en cinq journées de mer la demeure

paternelle : le récit qu'il en faifait un jour, après plufieurs années, à la cour de Norvège, fit naître le regret qu'il n'eût pas effectué une reconnaiffance plus exacte de ces contrées nouvelles ; fi bien qu'un de fes compagnons, Leif Erikfon ayant réfolu d'aller compléter fa découverte, lui acheta fon navire, y embarqua trente-cinq hommes au printemps de l'an 1000, & vint atterrir à la côte fignalée par Biarne, au point où celui-ci l'avait perdue de vue : ce n'était qu'un plateau rocheux & aride, *Helluland*, où l'érudition moderne a cru reconnaître Terre-Neuve ; on reprit la mer, & l'on vint defcendre, au bout de trois journées au fud-oueft, fur une terre plate & boifée, *Markland*, fignalée par la blancheur des fables du rivage, telle que les inftructions nautiques repréfentent l'Acadie ; puis navigant encore deux journées au fud-oueft, on atteignit une île, près de laquelle une péninfule s'avançait à l'eft & au nord, comme on voit aujourd'hui le cap Cod dépaffer au nord-eft l'île Nantucket ; Leif s'engagea dans le détroit, puis trouvant au-delà un lieu favorable, il forma près d'une petite rivière un établiffement pour explorer à fon aife le pays ; & comme on rencontra dans les environs de *Leifsbudir*, la vigne croiffant fpontanément, on donna à cette contrée le nom de *Vinland* ; c'eft aujourd'hui le Rhode-ifland & la région voifine. Après avoir pris un chargement de bois de conftruction, Leif revint au printemps de 1001 au Grœnland, & pendant une douzaine d'années encore les frères Thorwald & Thorftein, fa belle-fœur Gudrida remariée à Thorfinn Karlfefne, & enfin fa vaillante fœur Freydifa, firent diverfes expéditions femblables au Vinland ; mais l'hoftilité des fauvages indigènes les fit renoncer à pourfuivre ces armements périodiques. D'autres, fans doute, les reprirent à leur tour, & les établiffements fondés par Leif & par Thorfinn fe développèrent à la longue d'une manière permanente, puifque l'évêque grœnlandais Erik s'y rendit lui-même en 1121 afin de pourvoir aux befoins fpirituels de la colonie.

Les fagas du Nord ont confervé quelques autres traces des relations qui fe continuèrent entre le Grœnland & la côte oppofée : en 1266 des navires furent envoyés en reconnaiffance par delà les ftations de pêche les plus avancées, jufqu'à la hauteur, penfe-t-on, du détroit de Barrow ; en 1285 deux eccléfiaftiques iflandais, Adalbrand & Thorwald Helgafon, naviguaient à l'oueft jufqu'à Terre-Neuve, défignée en cette circonftance par les chroniqueurs fous le nom de *Fundu-nyia-land*, qui fe retrouve tout entier dans la forme anglaife actuelle de New-foundland ; enfin, en 1347, un voyage de dix-fept Grœnlandais au Markland fut contrarié au retour par une tempête qui entraîna le navire en Iflande ; & la narration qu'on en faifait en 1356 montre que le pays de Markland était alors encore fréquenté par les Scandinaves. Mais il n'en eft plus queftion dans leurs hiftoires ultérieures.

IV.

Un récit vénitien, venu à la lumière après un trop long oubli, peut néanmoins, fans trop de fcrupule, être admis en appendice à la fuite de ces fouvenirs des navigations fcandinaves : je veux parler des lambeaux d'une correfpondance de famille émanée des frères Nicolas & Antoine Zéni, qui s'étaient établis vers 1390 aux Fær-œr, ou comme on difait alors, en Frislande, & naviguèrent fucceſſivement pendant une quinzaine d'années dans ces mers feptentrionales.

Le dernier y recueillit, de la bouche d'un vieux pêcheur, la notice d'une terre lointaine dans l'oueſt, nommée *Eſtotiland*, où vingt-ſix ans auparavant (vers 1380 à ce qu'il femble), il avait été jeté par une furieufe tempête ; les habitants conſervaient des rapports habituels avec le Grœnland, & poſſédaient encore quelques livres latins, qu'ils ne comprenaient plus. Aſſocié par eux, au bout de cinq années, à une expédition dans le fud, vers le pays de *Drogio*, une tempête le jeta plus loin, chez un peuple de fauvages cannibales qui le gardèrent efclave pendant de longues années, jufqu'à ce qu'après bien des viciſſitudes il parvint à s'échapper de leurs mains & à regagner Drogio, d'où il revint après trois ans d'attente à Eſtotiland : il fe livra alors au commerce entre ces deux contrées, s'y enrichit, & put terminer enfin fa longue odyſſée en armant lui-même un navire pour retourner en Frislande.

C'eſt encore à ces relations de plus en plus rares, mais qui n'avaient jamais été complètement abandonnées entre les Etats fcandinaves & leurs colonies du nord-oueſt, que fe rattache le fouvenir de ce pilote norvégien, originaire de Pologne, Hans Kœln ou Ivan z'Kolna, c'eſt-à-dire Jean de Kolno en Mazovie, envoyé en 1476 pour ravitailler les ſtations du Grœnland, & qui viſita, dit-on, la côte oppofée en pénétrant jufqu'à la grande baie qui devait recevoir longtemps après le nom de Hudfon.

V.

Il eſt naturel de penſer qu'une notion plu;
moins préciſe, mais certaine & inconteſtée,
l'exiſtence des régions tranſatlantiques tant de
abordées par les marins du Nord, s'était conſe
parmi eux, & les écrits d'Adam de Brème prou
qu'elle avait même pénétré, dès le onzième ſiè
juſqu'au ſein de la Germanie. On devait la tro
d'autant plus vivante & plus aſſurée, qu'on s'él
davantage vers les eſcales d'où étaient parties les
fréquentes expéditions : il ne faut donc point ſ
crier contre la ſuppoſition que dans ſon vo'
d'Iſlande en 1477, Chriſtophe Colomb aurait
cueilli en cette île des indices propres à excite
confirmer dans ſon eſprit la conviction que l'O
occidental pouvait être franchi par de hardis i
gateurs, ſûrs de trouver au-delà des rivages ac
ſibles. Les théories du florentin Toſcanelli av;
déjà, en 1474, ſoutenu cette thèſe auprès de
vants de Portugal, & lorſque Colomb parvint ;
connaître quelques années après, vers 1481 ſui
toute apparence, il n'héſita plus à ſe conſacrer
réſerve à l'accompliſſement du grand deſſein d'
par cette voie de l'occident à la rencontre des pl
extrêmes de l'Aſie orientale ; mais il lui fallut
menſe courage de mendier encore pendant plı
dix années, auprès des rois de l'Europe latine,
vaiſſeaux que, nouveau Typhis, il pût conduire
conquête de cette autre toiſon d'or.

Serait-il vrai que, dans l'intervalle, un naviga
français, le capitaine Couſin, de Dieppe, poı

l'oueft, en 1488, jufqu'à de lointains parages incon-
nus, aurait alors atteint ou aperçu quelque point
de la côte américaine ? Rien ne fe peut déduire avec
précifion des vagues indices que nous ont tardivement tranfmis à ce fujet d'infuffifantes traditions; &
en admettant le fait comme certain, ce ne ferait en
définitive qu'un anneau de plus à compter dans la
chaîne des découvertes au bout de laquelle vient fe
fouder, à la fameufe date du 10 octobre 1492, la
véritable prife de poffeffion, par l'Europe, de
l'hémifphère tranfatlantique, fimplement jufqu'alors
vifité à l'aventure par les devanciers de l'immortel
Génois.

VI.

Pendant que Colomb, tout plein encore des illu-
fions de fes rêves cofmographiques, s'ingéniait à
retrouver dans l'archipel des Antilles le Zipan-gu
& les domaines du grand qâàn du Khatay, marqués
à cette place fur la carte que lui avait jadis envoyée
Tofcanelli, un autre navigateur italien, établi depuis
longtemps en Angleterre au port de Briftol, Jean
Cabot, de Venife, s'étant élevé vers l'oueft durant
un de fes voyages, arriva, le 24 juin 1494, en vue
d'une terre & d'une île inconnues, qu'il appela du
nom de Saint-Jean, le patron du jour; & il revint
folliciter une commiffion royale qui lui affurât le
privilége de fes découvertes fous l'autorité de la
Couronne d'Angleterre, ce qui lui fut accordé par
lettres-patentes données à Weftminfter le 5 mars
1496. Il effectua en conféquence, en 1797, fur un
navire armé à Briftol au compte du roi Henri VII,

& accompagné de trois bâtiments marchands, un second voyage de trois mois, dont il était de retour au commencement d'août, après une navigation de trois cents lieues le long d'une côte où nul habitant ne s'était montré, & fur laquelle il avait planté la bannière britannique de Saint-Georges & le pavillon vénitien de Saint-Marc.

De nouvelles lettres royales, du 3 février 1498, l'autorisèrent alors à choisir dans les ports d'Angleterre jusqu'à six navires de charge destinés à transporter des colons aux terres & îles ainsi découvertes, & bientôt deux bâtiments armés aux frais du roi & portant trois cents hommes partirent pour cette destination sous les ordres de Sébastien Cabot, qui avait accompagné son père dans ses deux précédentes explorations ; mais la rigueur de la saison, bien qu'on fût au mois de juillet, lui fit perdre une grande partie de son monde : arrêté par les glaces vers 56° à 58° de latitude, il descendit la côte jusqu'à la hauteur du détroit de Gibraltar, & n'ayant plus de vivres, il revint en Angleterre, ramenant avec lui trois sauvages, qui furent présentés au roi quelque temps après.

L'insuccès de cette expédition, la mort de son père, & peut-être des compétitions rivales, éloignèrent pour longtemps Sébastien Cabot de ces entreprises. Passé au service de l'Espagne, mais revenu momentanément en Angleterre à la mort de Ferdinand le Catholique, on le revit seulement en 1517, fur les vaisseaux de Henri VIII, recommencer, en compagnie de sir Thomas Pert, vice-amiral d'Angleterre, une exploration de la côte qu'il avait déjà trois fois visitée, atteindre le 11 juin une latitude de 67° 30', & se trouver forcé par la timidité du commandant & l'opposition des équipages, de renoncer à pousser plus loin ses découvertes, bien que la mer parût encore libre devant eux.

VII.

Les découvertes anglaises de 1497 & l'essai de colonisation de 1498, bientôt connus en Espagne & en Portugal, y éveillèrent la crainte d'une concurrence inattendue dans la recherche des richesses dont on s'était promis la possession exclusive, & des expéditions y furent aussitôt projetées à l'encontre de cette méconnaissance de leurs prétendus droits.

On a cru retrouver dans une lettre royale datée de Séville le 6 mai 1500, & dans quelques autres circonstances douteusement significatives, les indices d'une entreprise méditée par l'Espagne, mais qui n'eut point alors de suites sérieuses.

Le Portugal fut plus actif : une expédition fut confiée dès l'année 1500, par le roi Emmanuel à Gaspard Cortereal, qui partit de Tercère avec deux navires, s'avança tout d'abord jusqu'à 50° de latitude ou davantage, & reconnut, jusqu'à un fleuve chargé de glaçons, *Rio Nevado*, la grande terre qui fut alors appelée de son nom & que l'on désigne aujourd'hui sous celui de Labrador. Revenu heureusement à Lisbonne, il en repartit l'année suivante avec ses deux navires ; se dirigeant à l'ouest nord-ouest, il trouva la terre à une distance de deux mille milles, & courut l'espace de six à sept cents milles encore le long d'une côte, arrosée de fleuves nombreux & couverte de grands bois, qu'il supposa devoir être la continuation de celle qu'il avait vue dans le nord l'année précédente, mais jusqu'à laquelle il ne pouvait tenter d'arriver cette fois, à cause des glaces : le pays était très-peuplé, & il ne se fit pas scrupule d'y enlever un certain nombre d'habitants, dont il garda cinquante à son bord, & plaça huit autres sur la seconde de ses caravelles. Celle-ci rentra à Lisbonne le 8 octobre 1501, mais l'autre, attendue d'heure en heure, de semaine en semaine, ne reparut plus. Michel Cortereal résolut d'aller à la recherche de son frère, & partit au printemps de 1502 avec trois navires pour aller fouiller séparément toutes les rivières de la côte, fixant au 20 août un rendez-vous général en un lieu convenu, pour le retour ; mais il ne s'y trouva point lui-même, & les deux autres navires, après l'avoir vainement attendu, revinrent seuls en Portugal, où l'on n'eut plus aucune nouvelle de son sort.

Dans l'intervalle, d'autres Portugais des Açores, Jean Gonçalves, Jean & François Fernandes, s'associaient à des armateurs de Bristol, Richard Warde, Thomas Ashehurste & Jean Thomas, pour une expédition de découverte en ces parages, & obtenaient avec eux à cet effet, du roi Henri VII, des lettres de privilége, données à Westminster le 19 mars 1501, en conséquence desquelles deux voyages paraissent avoir été exécutés cette même année & la suivante. A la fin de celle-ci, une nouvelle association fut concertée pour le même objet entre les deux Portugais Jean Gonçalves & François Fernandes, & les deux armateurs de Bristol Hugues Elyot & Thomas Ashehurste, qui obtinrent pareillement des lettres royales données à Westminster le 9 décembre 1502, & en vertu desquelles paraissent avoir été exécutés en 1503, 1504 & 1505 des voyages successifs, dont on retrouve quelque trace, comme pour les deux précédents, dans les comptes de dépenses de la caffette particulière du roi Henri VII : on peut même conjecturer qu'il fe tentait dès lors de nouveaux effais de colonifation, puifqu'un prêtre faifait partie de l'expédition de 1504.

VIII.

Les Français, de leur côté, pratiquaient auffi, dès cette époque, les mers qui baignent la côte orientale des deux Amériques ; fans nous arrêter à parler de leurs navigations auftrales, bornons-nous à rappeler ici leurs expéditions de pêche & leurs explorations privées en ces parages où l'autorité royale vint fi tardivement donner une confécration publique à leurs efforts. Nous ne chercherons même pas à recueillir de fimples traditions ou de vagues indices plus ou moins dignes d'un examen férieux : nous voulons nous en tenir à des témoignages explicites & formels.

C'eft à la collection italienne de Ramufio qu'il nous faut recourir pour retrouver, fous un vêtement étranger, avec le titre pompeux de grand capitaine de mer, un français de Dieppe, dans lequel il nous eft permis de reconnaître l'aftronome & pilote Pierre Crignon, qui fut le compagnon des frères Parmentier dans leur voyage de 1529 à Sumatra, & qui avait également navigué fur les côtes du Bréfil & de Terre-Neuve.

En décrivant cette dernière, qui s'étend, continent & îles, du 40e au 60e degrés de latitude fur une longueur de trois cent cinquante lieues, il fait remarquer la brifure accufée par le cap Ras entre la direction de la côte méridionale qui fe refufe vers l'oueſt, & celle de la côte boréale qui court vers le nord. Aux Portugais eſt due la découverte des ſoixante-dix lieues environ de littoral compriſes entre le cap Ras & le cap de Boaviſta ; tout ce qui eſt au ſud du cap Ras a été exploré en 1504 par les Normands, & par les Bretons, qui y ont laiſſé leur nom à un cap bien connu ; tout ce qui eſt au nord du cap de Boaviſta a été relevé pareillement par leſdits Normands & Bretons : le capitaine Jean Denys, de Honfleur, avec le pilote Camart, de Rouen, y conduiſit ſon navire en 1506, & en rapporta, dit-on, une carte aſſez étendue ; puis, en 1508, le capitaine Thomas Aubert, commandant le navire *la Penſée*, armé par Jean Ango, père du célèbre gouverneur de Dieppe, y tranſporta le premier des colons normands.

Dix ans après, en 1518, ſuivant l'interprétation commune, mais peut-être en réalité quelques années plus tard, fut entrepriſe une expédition analogue « par le ſieur baron de Léry & de Saint-Juſt vicomte « de Guen, lequel ayant le courage porté à choſes « hautes, déſiroit s'eſtablir par delà & y donner com- « mencement à une habitation de François » ; il s'était approviſionné d'hommes & de beſtiaux, & fit voiles juſqu'à l'île de Sable en face des pêcheries bretonnes ; « mais la longueur du voyage l'ayant trop « longtemps tenu ſur la mer, il fut contraint de déchar- « ger là ſon beſtail, vaches & pourceaux, faute d'eaux « douces & de pâturages » ; & cette expédition avortée n'eut d'autre réſultat que d'avoir jeté ſur cette terre aride des animaux qui s'y multiplièrent graduelle-ment, & devinrent, longtemps après, une reſſource ineſpérée pour d'autres Français qu'une fortune de mer devait un jour condamner à y ſéjourner cinq ans entiers dans un déplorable abandon.

Jufqu'alors, ce n'étaient que des expéditions privées.

IX.

Enfin le roi de France fe détermina à prendre lui-
même fa part dans le lotiffement des terres d'outremer que fe faifaient à leur guife les autres fouverains
de l'Europe occidentale, & il envoya officiellement
à fon tour, à la découverte des pays tranfatlantiques
où il lui conviendrait de prendre pied.

Le temps était déjà loin, où l'on avait cru retrouver en ces contrées le Japon, la Chine & les Indes
d'Afie : les navigations de Cabot dans le nord,
comme celles de Vefpuce dans le fud, avaient dé-
montré qu'il s'agiffait en réalité d'un monde nouveau ; & bien qu'on le crût réuni à fes dernières li-
mites aux régions boréales afiatiques, l'extenfion des
conquêtes efpagnoles dans l'oueft, & la circum-
navigation de Magellan, avaient appris qu'il y avait
au-delà de ce nouveau continent une autre mer par
laquelle on arrivait à l'Orient véritable, fi plein de
richeffes & de merveilles : quelque paffage, moins
éloigné que le détroit franchi par l'efcadre caftil-
lane, pouvait exifter fur l'immenfe ligne des côtes
américaines, & conduire par une voie plus courte à
ces îles des épices, objet de tant de convoitifes
rivales.

François 1er mit en 1523 aux ordres du florentin
Jean Verrazzano quatre navires pour aller à la recherche d'un tel paffage & prendre poffeffion des
terres où il ferait poffible de le rencontrer. Mais
une tempête fit avorter les premières tentatives ; les

viciſſitudes de la guerre & de la mer ne laiſſèrent au navigateur la faculté d'effectuer ſon exploration que dans une ſeconde campagne & avec une ſeule nef, *la Dauphine*, ſur laquelle il partit définitivement de Madère le 17 janvier 1524 pour aller atterrir à la fin de février vers 34° de latitude, ſur une côte inconnue, qu'il longea l'eſpace de cinquante lieues en tirant au ſud, ſans y découvrir aucune baie ; ce qui lui fit reprendre la bordée du nord, & ſuivre enſuite le littoral à l'eſt & au nord-eſt juſqu'au parallèle de 41° 40', deſcendant à terre par intervalles, pour reconnaître le pays, où la vigne croiſſait en abondance, & les habitants, dont le teint était généralement foncé, & les mœurs hoſpitalières ; il rencontra enfin une belle & grande rivière, aux eaux profondes, aux pittoreſques rivages (le Hudſon), d'où un orage ſoudain le força de s'éloigner à ſon grand regret, pour ne s'arrêter qu'après une courſe de quatre-vingts lieues encore droit à l'eſt, où il rencontra une île triangulaire ſemblable à celle de Rhodes, qu'il appela *Louiſe*, du nom de la mère du roi de France, & derrière laquelle s'ouvrait une baie commode (Narraganſet) habitée par une population beaucoup plus blanche que toutes les autres & qui lui fit l'accueil le plus cordial. Après avoir joui pendant quinze jours de cette gracieuſe hoſpitalité, il reprit ſa route le 6 mai, longeant une côte qui s'élevait progreſſivement & ſe couvrait de bois touffus habités par un peuple brun & farouche, puis une terre nue & rocheuſe bordée d'un grand nombre d'îles ; juſqu'à ce qu'arrivé à 50° de latitude, ayant conſommé toutes ſes munitions & ſes vivres, il revint en France, & écrivit en rade de Dieppe le compte-rendu de ſon voyage, qu'il adreſſa au roi le 8 juillet 1524.

On raconte que dans une expédition ultérieure

aux mêmes parages, Verrazzano étant defcendu à terre fans affez de précaution, fut faifi par les fauvages, & fervit de pâture à un horrible feftin. Avait-il immédiatement reçu de François Ier une nouvelle miffion, on ne fait. D'autres foucis étaient venus abforber les penfées du monarque, & le prifonnier de Pavie n'eut bientôt plus le loifir de fonger de longtemps à la pourfuite de fes projets d'établiffement outremer.

X.

L'Efpagne, au contraire, triomphait, & pendant que Fernand Cortez adreffait de Mexico, le 18 octobre 1524, à l'empereur Charles-Quint, un rapport où il développait l'idée de faire explorer à la fois la côte atlantique depuis la Floride jufqu'aux Bacalaos, & la côte oppofée fur l'Océan pacifique, pour trouver le fecret de ce paffage que Verrazzano était allé découvrir ; un pilote portugais au fervice de l'Efpagne, déferteur de l'expédition de Magellan & repouffé de celle de Loayfa, Etienne Gomes de Porto, obtenait à Séville, à la fin de cette même année, l'autorifation d'aller explorer auffi, fur les traces de Verrazzano, le littoral compris entre la Floride & les Bacalaos. Le comte Fernand d'Andrade, le docteur Beltram, le riche Chiftophe de Haro, lui armèrent un petit navire avec lequel il partit de la Corogne au commencement de 1525, alla toucher à Cuba & à la pointe de la Floride, & remontant au nord, explora particulièrement la côte comprife de 40° à 41° de latitude, un peu en-deçà & un peu au-delà, y enleva un grand nombre d'habitants pour en faire des efclaves, pouffa enfuite fa navigation, à ce qu'on dit, jufqu'au cap Ras, & revint, après une abfence de dix mois, défarmer à la Corogne, d'où il fe rendit à Tolède en novembre, précédé de la fauffe nouvelle qu'il apportait du girofle, tandis qu'il n'amenait en réalité que des efclaves : méprife née d'un jeu de mots involontaire qui avait fubftitué *clavos* à *efclavos*. Et les cofmographes efpagnols donnèrent le nom de *Tierra de Eftévan Gomez* à la contrée qu'il avait reconnue & pillée, entre celle du licencié Luc Vafquez de Ayllon & les pêcheries bretonnes.

XI.

Les Anglais de leur côté renouvelèrent leurs tentatives : un riche commerçant de Briftol établi à Séville, fils de l'un des affociés de Hugues Elyot dans l'armement de 1503 pour Terre-Neuve, Robert Thorne, qui venait de prendre un intérêt matériel confidérable dans l'entreprife de Sébaftien Cabot par le fud en 1526, adreffait peu de temps après au roi Henri VIII, un mémoire pour fignaler à fon attention l'avantage que l'Angleterre aurait fur les Efpagnols & les Portugais fi elle découvrait un paffage par le nord-oueft vers les îles aux épices; & fur l'invitation du révérend Edouard Lee, envoyé de Henri VIII auprès de Charles-Quint, il remettait à cet ambaffadeur des confidérations étendues & développées, pour le même objet.

Quelle qu'ait pû être l'influence de ces écrits fur les déterminations royales, toujours eft-il que deux navires, le *Samfon* & la *Mary* de Guilford, quittant la Tamife le 20 mai 1527, & partant définitivement de Plymouth le 10 juin, sous le commandement de Jean Rut, firent voile vers le nord jusqu'au 1er juillet, qu'ils furent assaillis dans la nuit par un violent orage; la tempête les sépara, & fit probablement sombrer le *Samson*, qui ne reparut plus; deux jours après, par 53° de latitude, la *Mary*, drossée par les glaces, redescendait vers 52°, où elle aperçut la terre; elle atteignit un hâvre bien abrité, & s'y arrêta dix jours pour faire de l'eau. Comme, au départ des deux navires, le rendez-vous avait été donné, en cas de séparation accidentelle, au cap de Sper de Terre-Neuve, où l'on devait s'attendre mutuellement durant six semaines, Rut gouverna au sud pour s'y rendre, & vint mouiller le 3 août dans la baye de Saint-Jean, où il trouva onze navires de pêche normands, un breton & deux portugais; de là il écrivit au roi pour lui rendre compte des événements, pendant que le mathématicien de l'expédition, Albert de Prato, chanoine de Saint-Paul de Londres, écrivait de son côté, le 10 août, au cardinal Wolsey légat du saint-siége.

C'est chez les historiens espagnols des Indes occidentales qu'il faut chercher les traces ultérieures de cette expédition avortée : on y trouve signalée l'apparition, aux Antilles, d'un navire anglais, armé en même temps qu'un autre pour aller par le nord au pays du grand khan, séparé de son compagnon par la tempête, arrêté dans sa route par les glaces, redescendu aux Bacalaos où il avait rencontré jusqu'à cinquante bâtiments de pêche espagnols, français & portugais, ayant vu son pilote (un piémontais, peut-être précisément ce même Albert de Prato dont il vient d'être question) massacré par les sauvages sur une côte inhospitalière, venu ensuite le long du littoral jusqu'à la rivière de Chicora, de là gagnant la Jamaïque, repoussé de Saint-Domingue à coups de canon, & reprenant enfin la route d'Angleterre.

Les souvenirs que Hakluyt put recueillir long-temps après de la bouche de quelques contemporains, c'est que le navire parti de la Tamise le 20 mai 1527 était rentré au port vers le commencement d'octobre de la même année.

XII.

Quand la paix de Cambrai eut rendu à François Ier le loisir d'aviser à l'administration de son royaume, il put reprendre ses desseins d'exploration & d'établissement dans le nouvel hémisphère : c'était un moyen encore de lutter contre son hautain & trop heureux rival. Il accueillit donc avec faveur la demande qu'un capitaine de navire de Saint-Malo, Jacques Cartier, adressait en 1533 à Philippe de Chabot, seigneur de Brion, comte de Buzançois & de Charny, amiral de France, d'être envoyé au compte du roi pour continuer l'entreprise de découverte & de colonisation confiée neuf ans auparavant à Jean Verrazzano.

Deux navires, du port de soixante tonneaux, ayant chacun soixante & un hommes d'équipage, furent en conséquence mis sous ses ordres; & le vice-amiral Charles de Mouy, seigneur de la Meille-raye, ayant pris au nom du roi le serment de tous les gens de l'expédition, elle partit de Saint-Malo le 20 avril 1534, & vint atterrir le 10 mai suivant à Terre-Neuve, près du cap Boavista, mouillant à cinq lieues de là vers le sud, dans un port qui reçut le nom de Sainte-Catherine; on remonta ensuite la côte vers le nord pour entrer dans le golfe des Châteaux, c'eft-à-dire le détroit actuel de Belle-Ifle, & le nom de Sainte-Catherine (qui était peut-être celui d'un des navires) reparut une feconde fois pour défigner l'île même qui fignale cette ouverture.

A partir de ce point, Cartier longea vers l'oueft la côte méridionale du Labrador, jalonnant çà & là fa route de quelque nom breton, tel que Breft ou Saint-Servan, au milieu de beaucoup d'autres, jufqu'à la baie de Shecatica, qui fut appelée port de Jacques Cartier. Comme le golfe allait s'élargiffant de plus en plus, il voulut en reconnaître la rive oppofée, & il vint aborder au cap Double, la pointe Riche de nos jours, pour defcendre enfuite la côte jufqu'à un cap qu'on atteignit le 24 juin & qu'on appela pour cette raifon cap de Saint-Jean, aujourd'hui cap de l'Anguille. De là, tournant à l'oueft, on toucha fucceffivement à diverfes îles, à l'une defquelles fut laiffé le nom de Brion, en l'honneur du grand - amiral qui avait patroné l'expédition, & l'on arriva au fleuve des Barques (la rivière Miramichi); on remonta enfuite au nord en explorant la baie des Chaleurs, dont l'entrée eft fignalée au delà par le cap de Prato (aujourdhui cap Farillon), où l'on ferait tenté de chercher un fouvenir du pilote piémontais maffacré dans l'expédition anglaife de 1527. Puis, coupant le détroit de Saint-Pierre (entre Gafpé & Anticofti) on regagna les terres feptentrionales près de la réfidence du chef fauvage Tiéno, au cap actuel de Montjoli, & prenant déformais à l'eft pour s'en retourner, on franchit de nouveau le détroit de Belle-Ifle le jour de l'Affomption, & l'on rentra à Saint-Malo le 5 feptembre.

XIII.

Le rapport que fit auffitôt Cartier, des réfultats de ce premier voyage, fut très-bien accueilli, & dès le 30 octobre fuivant le grand-amiral lui faifait expédier, fous fon propre feing, une nouvelle commiffion « du voulloir & commandement du Roy, pour « conduire, mener, & employer troys navyres équip-« pez & advitaillez chafcun pour quinze mois, au « parachèvement de la navigation... jà commencée « à defcouvrir oultre les terres neufves, & en iceluy « voyage effayer de faire & accomplir ce qu'il a plu « à mondit feigneur... commander & ordonner. »

Cartier ayant tout difpofé pour l'exécution de fa nouvelle miffion, partit de Saint-Malo le 19 mai 1535, &, contrarié par les vents dans fa traverfée, n'arriva que le 7 juillet à l'Ifle aux Oifeaux, d'où il fe rendit au détroit de Belle-Ifle pour y attendre fes deux conferves, qui le rejoignirent le 26 juillet; il prit alors à l'ouest vers le cap de Tiéno, où il était le 31 juillet, pourfuivit la même route jufqu'au 10 août, à l'entrée de la rivière actuelle de Saint-Jean, qu'il appela baie de Saint-Laurent, en l'honneur du patron du jour; & allant enfuite vifiter la grande île de Natifcotec (ou Anticofti, comme prononce le vulgaire) il y aborda le 15 août & lui donna en conféquence le nom de l'Affomption.

Du côté du fud elle faifait face au pays de Honguedo, où commençait la grande rivière conduifant à Canada & à Hochelaga, qu'il réfolut de remonter, en reprenant fon exploration de la rive feptentrionale depuis la baie de Saint-Laurent. Il rencontra d'abord fept îles qu'il appela les îles Rondes, puis les îles du Bic auxquelles il donna le nom d'îlots de Saint-Jean ; le 1ᵉʳ feptembre il reconnut l'entrée de la grande rivière de Saguenay & les deux îles (l'île Blanche & l'île Rouge) qui lui font face. Pourfuivant fa route, il s'arrêtait le 6 feptembre fur une île couverte de coudriers, laquelle conferve encore le nom d'île aux Coudres qu'il lui donna, & le lendemain il atteignit un amas d'îles, où commençait le pays de Canada. La plus grande était chargée de vignes, ce qui la lui fit appeler d'abord île de Bacchus ; mais il préféra enfuite le nom d'île d'Orléans, qui lui eft refté. Au bout fe trouvait un endroit convenable pour le mouillage de fes navires : il s'y arrêta le 14 feptembre, jour de l'Exaltation de la Sainte-Croix, dont ce lieu prit le nom ; c'eft la rivière Saint-Charles d'aujourd'hui. Tout auprès était Stadacone, réfidence royale du chef de Canada, remplacée maintenant par la ville de Québec, dont le faubourg Saint-Jean eft affis précifément à l'endroit où gifait l'ancienne capitale des fauvages.

Après avoir pourvu à la fûreté de fes navires dans le hâvre de Sainte-Croix, Cartier réfolut de pouffer fa reconnaiffance dans le haut du fleuve jufqu'à Hochelaga avec le plus petit des trois bâtiments & les embarcations. Parti le 19 feptembre, il naviqua fans interruption jufqu'au 28, qu'il atteignit les domaines du chef Ochelay, à l'entrée d'une rivière où le courant était rapide & dangereux (la rivière Richelieu d'aujourd'hui), & bientôt après un grand lac formé par l'élargiffement du fleuve (le lac Saint-Pierre actuel) : là il lui fallut laiffer le navire pour continuer de remonter avec les embarcations feules, & le 20 octobre on arrivait à Hochelaga, au-deffous des rapides impétueux appelés aujourd'hui le courant de Sainte-Marie. La capitale était affise au pied d'une montagne bien cultivée, qui reçut le nom de Mont-Royal, lequel s'eft perpétué à la même place fous la forme de Montréal, ainfi qu'on appelle maintenant le chef-lieu du Haut-Canada.

En redefcendant le grand fleuve, il remarqua, le 7 octobre, un affluent de la rive feptentrionale dont l'entrée était fignalée par quatre petites îles boifées, & auquel il donna le nom de Fouez (c'eft-à-dire de Foix), qu'a remplacé celui de Trois-Rivières. Quatre jours après il rentrait au hâvre de Sainte-Croix, où les matelots des deux navires reftés au mouillage avaient pendant fon abfence élevé un fort. Il y paffa tout l'hiver, très-maltraité par le fcorbut, qui lui enleva vingt-cinq de fes compagnons, & aurait fait de plus grands ravages fi les indigènes ne lui euffent enfeigné un remède souverain dans la décoction des feuilles & de l'écorce d'épinette blanche ou peffe du Canada (*pinus alba* de Linné). Enfin, le 6 mai 1536, il appareilla pour retourner en France, abandonnant la carcaffe d'un de fes navires, faute de monde pour le réarmer. Les reftes en ont été retrouvés dans la vafe par les habitants de Québec, le 26 feptembre 1843, & quelques fragments en ont été envoyés, comme une précieufe relique, au mufée de Saint-Malo.

Le 21 mai Cartier reconnaiffait Honguedo, puis le cap de Prato, d'où il gagnait l'île de Brion, & le 1er juin, prenant au fud-eft, il touchait fucceffivement à deux pointes de terre qu'il appela le cap de Lorraine & le cap de Saint-Paul, au nord & à l'eft de l'île du cap Breton: il abordait enfuite à Terre-Neuve dans une anfe qu'il appela le hâvre du Saint-Efprit, & qui n'eft autre que le port aux Bafques de nos jours; puis il rangeait la côte jufqu'aux îles de

Saint-Pierre, où il rencontra plusieurs navires français, & prenant enfin le large au sortir du hâvre de Rognouse ou baie des Trépassés, il rentrait à Saint-Malo le 16 juillet suivant.

XIV.

Pendant que Cartier faisait sa traversée de retour, il se croisait avec une expédition anglaise composée de deux navires, la *Trinité* & le *Mignon*, montés par une association de gens distingués tenant à la cour & à la magistrature, réunis sous la direction de maître Hore, homme de grand courage & fort adonné à l'étude de la cosmographie, pour aller tenter des découvertes dans le nord-ouest : partis de Londres à la fin d'avril 1536, ils mirent plus de deux mois à atteindre le cap Breton, d'où ils gagnèrent l'île aux Pingouins, & s'élevèrent ensuite fort avant dans le nord, au milieu des glaces; mais la disette de vivres devint telle parmi eux, qu'ils étaient réduits aux dernières extrémités quand apparut un navire français bien approvisionné; ils parvinrent à s'en emparer par la ruse, & s'esquivèrent aussitôt pour retourner en Angleterre, où ils arrivèrent à la fin d'octobre, & ne purent être rejoints que plusieurs mois après par les Français qu'ils avaient dépouillés, & que le roi Henri VIII prit le parti d'indemniser de ses propres deniers.

En France, où Cartier avait ramené quelques sauvages canadiens, on s'occupait de les instruire, afin de trouver en eux des interprètes & des auxiliaires pour la civilisation de leurs compatriotes : ils furent baptisés le 25 mars 1538; mais le changement de climat leur devint funeste, & ils moururent tous sauf un seul (une jeune fille) avant qu'on pût tirer d'eux aucun service. Malgré ce désappointement, une nouvelle expédition fut résolue par l'intervention active d'un gentilhomme picard, Jean-François de la Roque sieur de Roberval, que le roi, par lettres du 15 janvier 1540, nomma son lieutenant géneral ès terres neufves de Canada, Hochelaga & Saguenay & autres circonvoisines. Des lettres royales, données à Saint-Prix le 17 octobre suivant, instituèrent Jacques Cartier capitaine général & maître pilote de tous les navires & vaisseaux qui seraient envoyés pour cette entreprise.

Cinq navires jaugeant ensemble quatre cents tonneaux ayant été convenablement disposés en conséquence, Cartier partit de Saint-Malo le 23 mai 1541, laissant en France Roberval, qui devait le rejoindre bientôt avec le complément du matériel destiné à la fondation de l'établissement projeté. Cartier se trouvait le 23 août au hâvre de Sainte-Croix; mais il préféra pour l'hivernage de ses vaisseaux un autre endroit à quatre lieues plus loin, à l'entrée d'une rivière près du cap Rouge, où il construisit un fort & des magasins, auxquels il donna le nom de Charlesbourg royal; après quoi il renvoya en France deux de ses navires, sous les ordres de Macé Jalobert son beau-frère, & d'Etienne Noël son neveu, qui partirent le 2 septembre. Il alla lui-même reconnaître au-dessus de Hochelaga les sauts ou rapides qui barrent le cours du fleuve, revint hiverner au fort, & n'ayant aucune nouvelle de Roberval à la fin de mai 1542, il prit le parti de s'en retourner en France. Ayant relâché au hâvre Saint-Jean, sous le cap Double, il y rencontra Roberval qui arrivait enfin avec deux navires, mais il se refusa à remonter avec lui, & vint défarmer à Saint-Malo, où on le voit, le 21 octobre, tenir fur les fonts baptifmaux la fille du lieutenant de Roi gouverneur de cette ville.

A quelque temps de là, fur l'ordre du Roi, qui rappelait Roberval en France, Cartier partit de rechef de Saint-Malo au printemps de 1543 pour aller chercher les reftes de cette expédition avortée, & rentra définitivement à Saint-Malo après une abfence de huit mois.

Et l'idée d'un établiffement français au Canada demeura déformais abandonnée pendant plus d'un demi-fiècle.

XV.

Après cette revue de toutes les navigations européennes vers les rivages tranfatlantiques du nord-ouest, depuis les plus anciennes traditions qui nous foient parvenues, jufqu'à la dernière de celles où figure le nom de Jacques Cartier, il ne nous refte que peu de mots à dire fur la perfonne du célèbre pilote malouin, & fur les lambeaux qui ont été recueillis de fes relations.

Un vieux marin de Saint-Malo, plein de zèle & de patriotifme, Charles Cunat, avait recouvré la vigoureufe ardeur de fes jeunes années, pour fouiller les archives de toute forte qui fe pouvaient trouver à fa portée dans fa chère ville natale; & ce qu'il n'y a point découvert, nul autre fans doute ne l'y faurait rencontrer. Auffi loin qu'il a pu remonter dans les actes de l'état-civil qui exiftent encore, il a entrevu un Jehan Cartier, qui de fon mariage avec

Guillemette Baudoin avait eu ſix enfants, dont l'aîné, Jamet ou Jacques, né le 4 décembre 1458, eut à ſon tour, de ſon mariage avec Jeffeline Janſart, un fils né le 31 décembre 1494, lequel n'eſt autre que le célèbre navigateur Jacques Cartier, marié lui-même en 1519 avec Catherine des Granches, fille de Jacques des Granches connétable de la ville & cité de Saint-Malo, mais de laquelle il n'eut point de poſtérité.

Après qu'il eut renoncé à la navigation, il habitait pendant l'hiver, dans la ville de Saint-Malo, une maiſon ſituée « jouxte l'hôpital Saint-Thomas », mais dont il ne reſte depuis longtemps aucun veſtige; l'été il ſe retirait dans le domaine ſeigneurial de Limoilou, au village ainſi appelé, où ſon château conſerve encore le nom de Portes Cartier.

Il avait eu à ſoutenir, après le retour de Roberval, une inſtance dans laquelle on lui demandait compte des deniers dont il avait eu la diſpoſition pour l'entrepriſe commune : il fut reconnu qu'il y avait mis plus qu'il n'avait reçu, & la ſentence du tribunal d'Amirauté, du 21 juin 1544, lui donna gain de cauſe ſur tous les points.

On perd ſa trace après l'année 1552, & l'on en conclut qu'il décéda probablement avant d'atteindre ſa ſoixantième année.

XVI.

Rédigea-t-il lui-même les relations des diverſes expéditions qu'il avait conduites au Canada? On peut le penſer, bien qu'il y ſoit toujours queſtion de lui à la troisième perſonne, à la manière dont il eſt parlé de Jules Céſar en ſes immortels *Commentaires*. Dans tous les cas, le rédacteur a évidemment fait partie de chacune des expéditions racontées.

Un célèbre collecteur italien, qui s'était procuré diverſes relations françaiſes dont il ne nous reſte aujourd'hui rien autre choſe que la verſion qu'il en a publiée, Ramuſio, avait recueilli celle du premier voyage de Cartier, & c'eſt uniquement dans ſa précieuſe collection, ainſi que nous l'avons rappelé dès le début, qu'il faut aller reprendre, ſous ſon déguiſement étranger, un récit qui eſt pour nous d'un ſi grand intérêt. Cette verſion italienne, parue pour la première fois à Veniſe en 1556, y fut reproduite dans les réimpreſſions de 1565, 1606 et 1613. Elle fut retraduite en français pour être ainſi publiée à Rouen en 1598, chez Raphaël du Petit-Val, libraire & imprimeur du Roi, en un volume petit in-8° de 64 pages, ſous ce titre : *Diſcours du voyage fait par le capitaine Jacques Cartier aux terres neufves de Canadas, Norembergue, Hochelage, Labrador, & pays adjacens, dite Nouvelle France, avec particulières meurs, langage & cérémonies des habitans d'icelle.* Leſcarbot la réimprima avec une médiocre exactitude dans ſon *Hiſtoire de la Nouvelle-France* (livre III, chapitres II à V), dont il y a quatre éditions, aux dates de 1609, 1611, 1617 & 1618. Les *Archives des voyages* de Ternaux-Compans l'ont reproduite en 1840 avec plus de ſcrupule, dans leur première livraiſon (pages 117 à 153). Enfin la Société littéraire & hiſtorique de Québec l'a compriſe à ſon tour dans un volume de réimpreſſions conſacré aux *Voyages de découverte au Canada entre les années 1534 & 1542*, publié à Québec en 1843, & dont ce morceau occupe les vingt-trois premières pages ; malheureusement les inexactitudes de Lescarbot n'y ont pas toutes été rectifiées.

Ainsi que nous l'avons dit aussi dès le début, c'est au collecteur anglais Richard Hakluyt d'Oxford, que nous sommes redevables de nous avoir conservé, dans une version anglaise, les fragments mutilés qu'il avait pu se procurer pendant son séjour en France (de 1584 à 1588) concernant le troisième voyage de Cartier : c'est d'abord la relation, non achevée, du navigateur ; puis une lettre de son petit-neveu Jacques Noël, écrite de Saint-Malo le 19 juin 1587, & un fragment d'une seconde lettre du même, constatant que toutes les recherches faites dans la famille pour retrouver une relation plus complète étaient demeurées sans résultat. Hakluyt a imprimé à la suite, toujours en anglais, le routier du voyage depuis Belle-Isle jusqu'à 230 lieues en amont de la rivière de Canada, rédigé par Jean Allefonsce, de Sainte-Onge près Cognac, maître pilote de Roberval en 1542 ; & enfin la relation de Roberval lui-même, non achevée il est vrai, mais conduite jusqu'au 22 juillet 1543, date probablement peu éloignée de celle où Cartier vint le rechercher d'après les ordres du roi. Hakluyt avait donné en 1600 le volume qui contient l'édition originale de ces pièces (pages 232 à 242) ; elles se trouvent naturellement reproduites dans la réimpression de 1812. La Société littéraire & historique de Québec a repris dans Hakluyt tous ces lambeaux pour les retraduire en français & les insérer en 1843 dans le volume que nous avons mentionné plus haut.

XVII.

Quant à la relation du fecond voyage, qui nous intéreffe plus fpécialement ici, elle eft, comme on fait, la feule dont nous poffédions la rédaction française originale ; il en exifte une édition, imprimée à Paris en 1545, en un volume de 48 feuillets petit in-8°, d'une telle rareté que les bibliographes n'en connaiffent en Europe qu'un exemplaire. Une re-production fcrupuleufe & figurée de cet exemplaire unique a tenté le zèle d'un éditeur fort habitué à la recherche & au maniement des livres curieux ; & voilà comment a pris naiffance l'édition d'amateur en tête de laquelle doit fe placer l'introduction dont nous écrivons en ce moment la dernière page.

Ce volume introuvable, qui échappait à toutes les recherches, était fi peu connu, que l'on n'avait même qu'une très-fauffe idée de ce qu'il contenait, & la Société littéraire & hiftorique de Québec en 1843, auffi bien que M. Ternaux-Compans en 1841, le confidéraient comme la rédaction française originale de la relation du *premier* voyage, au lieu du *fecond ;* pour celui-ci, on n'en connaiffait d'autre publication que celle de Lefcarbot dans fon *Hiftoire de la Nouvelle-France* (livre III, chapitres VI à VIII, XII à XVIII, & XXII à XXVII) où le voyage de Car-tier fe trouve morcelé & entrecoupé de fragments difloqués du voyage de Champlain.

Mais il exifte à Paris, à la Bibliothèque impériale, trois exemplaires manufcrits de cette même relation de Cartier, fous les n°ˢ 5589, 5644 & 5653 : M. Ter-naux-Compans ayant eu communication des deux premiers, en tira une copie, qu'il fit imprimer en 1841 en tête du fecond volume de fes *Archives des voyages* (pages 5 à 66). De fon côté la Société littéraire & hiftorique de Québec ayant fait prendre copie du troifième manufcrit, & l'ayant collationné avec les deux autres, ainfi qu'avec les extraits de Lefcarbot, l'a reproduite dans fon volume de 1843 (pages 24 à 69).

L'édition originale de 1545 ne faurait être préfentée comme exempte d'incorrections, tant s'en faut : les coquilles typographiques y font fréquentes, & l'éditeur d'aujourd'hui aurait peut-être eu lieu d'héfiter à fe montrer fi rigoureufement fidèle à la reproduire avec toutes fes imperfections accidentelles, s'il n'eût trouvé un remède à l'inconvénient de cette reproduction fervile, dans l'attention de relever avec foin, en appendice à la réimpreffion actuelle, les corrections indifpenfables, avec les variantes non feulement des manufcrits, mais auffi des fragments de Lefcarbot & des éditions de Ternaux-Compans & de la Société de Québec, dont les lectures ne font pas toujours préférables aux leçons de l'édition de 1545.

Cet expédient nous a paru donner à l'édition que voici l'avantage de conferver intacte, fuivant le goût impérieux des bibliomanes, la phyfionomie furannée de l'édition primitive, tout en mettant à la difpofition de ceux qui n'attachent à la forme qu'une importance fecondaire, les éléments d'un texte plus correct & plus fidèle que tous les autres.

Neuilly-fur-Seine, ce 12 août 1863.

BRIEF RECIT, &

succincte narration, de la nauigation faicte es ysles de Canada, Hochelage & Saguenay & autres, auec
particulieres meurs, langaige, & cerimonies des habitans d'icelles: fort
delectable à veoir.

Avec priuilege

On les uend à Paris au second pillier en la grand
salle du Palais, & en la rue neufue Nostredame à
l'enseigne de l'escu de frāce, par Ponce Roffet dict
Faucheur, & Anthoine le Clerc frères.

1545.

A MONSEIGNEVR LE

Preuost de Paris ou son lieutenant ciuil.

Uppliét treshumblemét Ponce Roffet dict le Faulcheur, & Anthoine le Clerc freres & libraires de ceste uille de Paris, qu'il uous plaise leur dõner la permission de imprimer & uendre, ung liure, intitulé Briefue & succincte narration de la nauigation, faicte es ysles de Canada & autres choses y contenues : Pour lequel imprimer leur cõuient faire gros fraiz & despens, dont ilz pourroient estre frustrez, ensemble de leurs labeurs s'il estoit permys à tous de l'imprimer. Ce consideré il uous plaise & ordonner que deffences soient faictes à tous libraires & imprimeurs de la uille & preuoste de Paris, de ne imprimer icelluy liure, n'y de en uendre d'autre que de l'impression desdictz supplians, iusques à quatre ans finiz & accompliz, sur peine de confiscation desdictz liures & d'amende arbitraire, Et uous ferez bien.

Il est permys ausdictz suppliẽs, auec les deffences à tous autres, de ne imprimer le dict uoyage pour le temps & espace de trois ans. Faict le dernier iour de Feburier, Mil cinq cens quarãte quatre
Ainsi signé   I. Morin.

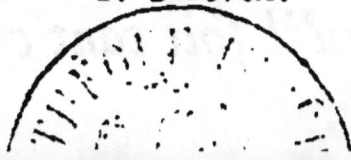

AV ROY
Treschrestien.

ONSIDERANT, *O mon tres-redoubté prince, les grādz bien & don de grace qu'il a* pleu à Dieu le Createur faire à ses creatures: Et entre les autres de mettre & asseoir le soleil, qui est la vie & congnoissāce de toutes icelles, & sans lequel nul ne peult fructifier ni generer en lieu & place la ou il a son mouuement, & declination contraire, & non semblable es autres planettes. Par lesquelz mouue-mēt & declinaison, toutes creatures estās sur la terre en quelque lieu & place qu'elles puissent estre, en ont, ou en peuuent auoir en lan dudict soleil, qui est 365. iours et six heures, Autant de veue oculaire les vngs que les autres, non qu'il soit tant chault & ardant es

vngs lieux, que es autres par ſes raiz &
reuerberations, ny la diuiſion des iours
& nuictz en pareille eſgalleté : Mais
ſuffit qu'il ayt de telle ſorte & tant tem-
peremēt que toute la terre eſt ou peult
eſtre habitee en quelque zone, climat,
ou paralelle que ce ſoit : Et icelles auec
ques les eaues, arbres, herbes, & toutes
autres creatures de quelques genres ou
eſpeces qu'elles ſoient par l'influence
d'iceluy ſoleil, donner fruictz & gene-
rations ſelon leur nature par la vie &
nourriture des creatures humaines. Et
ſi aucuns vouloient dire le cōtraire
de ce que deſſus, en alleguant ledict
des ſaiges philoſophes du temps paſſé,
qui ont eſcript & faict diuiſion de la
terre par cinq zones, dont ilz dient &
afferment trois inhabitées. Ceſt aſſa-
uoir la zone torride, qui eſt entre les

deux tropiques ou folſtices, qui paſſe
par le zenic des teſtes des habitans
d'icelle: Et les deux zones artique &
entartique pour la grand froideur qui
eſt en icelle, à cauſe du peu d'eſleua-
tion qu'ilz ont dudict ſoleil & autres
raiſons: Ie confeſſe qu'ilz ont eſcript
de la maniere, & croy fermemēt qu'ilz
le penſent ainſi, & qu'ilz le treuuent
par aucunes raiſons naturelles, ou ilz
prenoient leur fondement, & d'icelluy ſe
contentoient ſeulemēt ſans aueuturer
n'y mectre leurs perſonnes es dangiers,
eſquelz ilz euſſent peu ancheoir à cercher l'experience de leur dire. Mais ie
dictz pour ma replique que le prince
d'iceulz philoſophes a laiſſé parmy ſes
eſcriptures vng mot de grande cōſe-
quence, qui dict que, Experiētia eſt
rerum magiſtra; par l'enſeignemēt

duquel i'ay ofé entreprendre de adref-
fer à la veue de voftre magefté royalle,
ceftuy propos en maniere de prologue,
de ce myen petit labeur: Car fuyuant
voftre royal commandement. Les fimples mariniers de prefent non ayans
eu tant de crainête d'eulx meêtre à
l'aduanture d'iceulx perilz & dangiers
qu'ilz ont eu, & ont defir de vous faire
treshumble feruice à l'augmentation
de la fainête foy chreftienne, ont congneu le contraire d'icelle opinion des
philofophes par vraye experience.

Ie allegue ce que deuant, parce que ie
regarde que le foleil qui chafcun iour
fe lieue à l'orient, & fe reconce à l'occident, faiêt le tour & circuit de la
terre, donnant lumiere & chaleur à tout
le monde en vingt quatre heures, qui
eft vng iour naturel, fans aucune in-

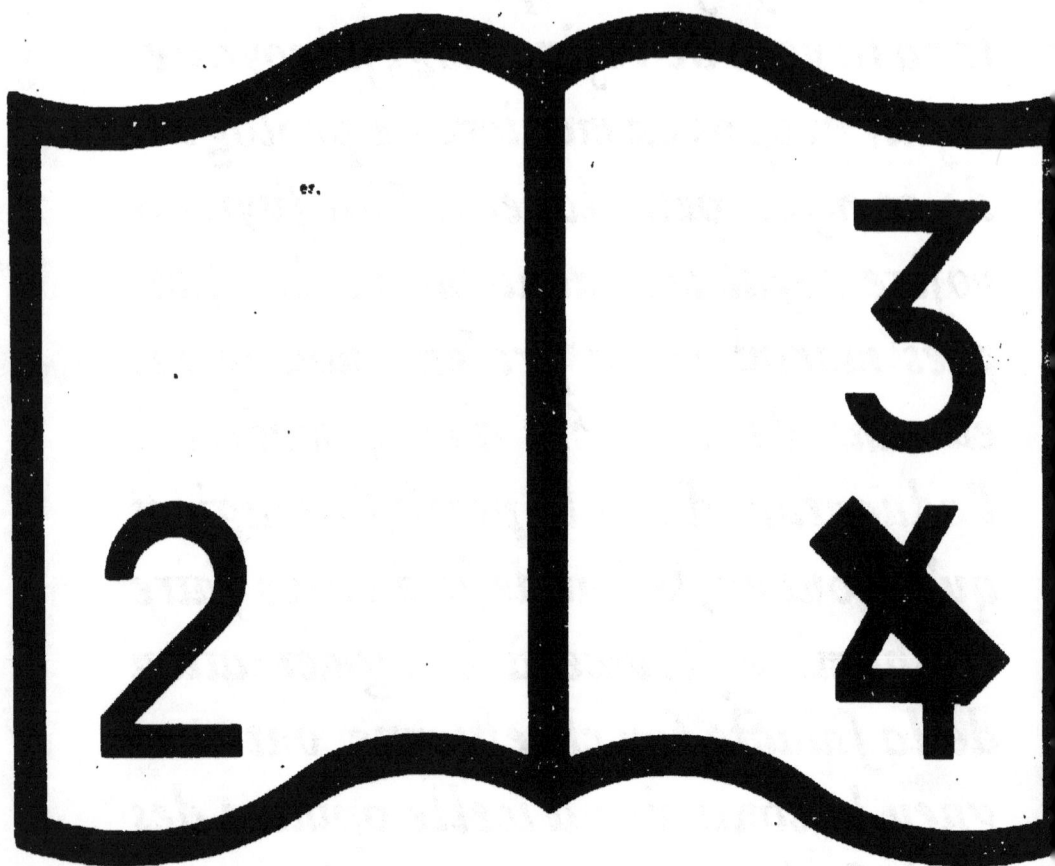

Pagination incorrecte — date incorrecte

NF Z 43-120-12

terruption de son mouuement & cours
naturel. A l'exemple duquel ie pense
à mon foible entendement, & sans autre
raison y alleguer, qu'il plaist à Dieu
par sa diuine bonté que toutes humaines
creatures estans & habitans soubz le
globe de la terre, ainsy qu'elles ont
veue, & congnoissance d'icelluy soleil
ayt & ayent pour la temps aduenir
congnoissance & creance de nostre
saincte foy: Car premierement icelle
nostre saincte foy a esté semee & plan-
tee à la terre saincte, qui est en Asye
à l'orient de nostre Europe: Et depuis
par succession de temps apportee & di-
uulguee iusques à nous, & finalement
à l'occident de nostredicte Europe à
l'exemple du dict soleil portant sa
chaleur & clarté d'orient en occident
comme dict est. Et pareillement aussy

auons veu icelle noſtre ſainǝcte foy, par
pluſieurs fois à l'occaſion des meſchãs
heretiques & faulz legiſlateurs, eclip-
ſes en aucuns lieux : & depuis ſoub-
dainemēt reluyre & monſter ſa clerté
plus appertement que auparauant. Et
maintenant encores à preſent voyons
comme les meſchans lutheriens apoſtatz
& imitateurs de Mahomet, de iour en
autre s'efforcent de icelle opprimer,&
finablement du tout eſtaindre, ſi Dieu &
les vrays ſuppoſtz d'icelle n'y donnent
ordre par mortelle iuſtice ; ainſy qu'on
veoit faire chaſcun iour en voz pays &
royaulme, par le bon ordre & police
que y auez mys. Pareillement auſſi veoit
on, comme au contraire d'iceulx enfans
de Sathan, les paoures chreſtiens, &
vrays pilliers de l'Eſgliſe catholique
s'efforcent d'icelle augmenter & ac-

croiftre, ainfi que a faict le catholique
Roy d'Efpaigne, es terres qui par fon
commãdemẽt ont efté defcouuertes en
l'occidẽt de fes pais & royaulmes, lefquelles auparauant nous eftoient in-
cognues, eftranges, & hors de noftre
foy : Comme la neufue Efpaigne, Lifa-
belle, terre ferme, & autres yfles ou on
a trouué innumerable peuple, qui a efté
baptifé & reduict en noftre treffaincte
foy.

Et maintenant en la prefente nauigation faicte par voftre royal commandement en la defcouuerture des terres
occidentales, eftans foubz les climats &
paralelle de voz pays & royaulme, non
auparauant àvous n'y ànous congneuz,
pourrez veoir & fcauoir la bonté & fer-
tilité d'icelles, innumerable quantité
des peuples y habitans, la bonté & pai-

fibleté d'iceulx, Et pareillement la fe-
condité du grãt fleuue qui defcend &
arrofe le permy d'icelles voz terres,
qui eft le pluf grãt fans comparaifon
que on fache iamais auoir veu. Les
quelles chofes donnent à ceulx qui les
ont veues, certaine efperance de l'augmentation future de noftre dicte faincte
foy & de voz feigneuries & nom tref
chreftien, ainfi qu'il vous plaira veoir
par ceftuy prefent petit liure: Auquel
font amplemēt contenues toutes chofes dignes de memoire, que auons veues,
& qui nous font aduenues tant en faifant ladicte nauigation, que eftans &
faifans feiour en vofdictz pays & terres.

E dimēch e iour & feſte de la Penthecoſte ſezieſme iour de May, en lan mil cinq cens trête cinq du commandement du cappitaine & bon vouloir de tous, chaſcun ſe confeſſa, & receuſmes tous enſemblement noſtre createur en leſgliſe cathédrale de ſainct Malo. Apres lequel auoir reçu, ſeuſmes nous preſenter au cueur de ladicte egliſe, deuāt reuerend pere en Dieu monſieur de ſainct Malo, lequel en ſon eſtat epiſcopal nous donna ſa benediction.

Et le mercredy enſuiuāt dix neufieſme iour de May, le vent vint bon & cōuenable, & appareillaſmes auec trois nauires, Scauoir la grand Hermine du port, enuiron cent a ſix vingtz tonneaulz, ou eſtoit le cappitaine general, & pour maiſtre Thomas froſmond, Claude du pond briand, filz du ſeigneur de Montreueïl & eſchanſſon de monſeigneur le Daulphin, Charles de la Pommeraye, Iehan poullet & autres gentizlhommes. Le ſecond nauire, nommé la petite Hermine du port, enuiron ſoixāte tonneaulz : Eſtoit cappitaine ſoubz le dict cartier Mace ialobert, & maiſtre Guillaume le mariè. Et au tiers nauire nōmé l'Emerillon du port de enuiron quarante tonneaulz, en eſtoit cappitaine Guillaume le breton, & maiſtre Jacques maingart. Et nauigaſmes avec bon temps iuſques au 20, iour dudict moys de May, que le temps ſe tourna en yre & tourmente, qui nous a duré en ventz contraire & ſerraiſons, autant que nauires qui paſſaſſent iamais la mer, euſſent ſans amendement : Tellement que le vingt cinqieſme iour de Iuing par le dict mauuais téps & ſerraiſon, nous entreperdiſmes tous trois, ſans que nous ayons eu nouuelles les vngs des autres iuſques à la terre neufue; la ou nous auions lymité nous trouuer tous enſemble. & depuis nous eſtre entreperduz, auons eſté auec la nef generalle par la mer de tous ventz cõtraires, iuſques au ſeptieſme iour du moys de Iuillet, que nos arriuaſmes à la dicte terre neufue, & priſmes terre à l'iſle aux oyſeaulx : laquelle eſt à quatorze lieues de la grãd terre, quelle yſle eſt ſi treſplaine d'oyſeaulx, que tos les nauires de France y pourroient facilemét charger, ſans que on ſ'apperceuſt que l'on en euſt tiré, & la en prinſmes deux barques pour partie de noz victailles : Icelle yſle eſt en leſleuatiõ du pole en. 49. degrez. 40. mynutes. Et le huictieſme dudict moys, nous appareillaſmes de ladicte yſle, & auec bon temps vinſmes au

hable du blanc fablon eftant à labbaye des
chafteaulx le. xv. iour dudict moys, qui eft
le lieu ou nous debuoyns rendre : Auquel
lieu feufmes attendans noz compaignons iuf
ques au vingt fixiefme dudict moys, lequel
iour ilz arriuerent tous deux enfemble : Et la
nous acouftrafmes & prifmes eaues, boys, &
aultres chofes neceffaires , & appareillafmes
& feifmes voylle pour paffer oultre le vingt
neufiefme iour dudict moys à l'aube du iour,
& feifmes porter le long de la cofte du Nort
Gifant, eft, Nordeft, & Ornaift, Surnaift iufques enuiron les huict heures de foir, q̃ meif-
mes les voylles bas, le trauers de deux yfles
qui f'auancent plus hors que les autres que
nous nommafmes les yfles Saict Guillaume.
Et font enuiron vingt lieues oultre le hable
de Breft : Le tout ladicte cofte depuis les
chafteaulz iufques icy gift eft Nordeft & Ornaift Surnaift rengee de plufieurs yfles & ter
res toute hachee & pierreufe, fans aucune
terre ny boys, fors en aucunes vallees.

Le lendemain penultime iour dudict moys
feifmes courir à Ornaift pour auoir cõgnoif-
fance d'autres yfles qui nous demouroient
enuiron douze lieues & demye. Entre lefquelles yfles fe faict vne couche vers le Nort
toute à yfles & grande voye apparoiffantes y

auoir plufieurs bons hables, & les nommafmes les yfles Saincte Marthe; hors lefq̃lles environ vne lieue & demye, à la mer y a vne
baffe bien dãgereufe ou il y a quatre ou cinq
teftes qui demeurȇt le trauers defdictes bayes
en la rotte d'Eft & Onaift desdictes yfles Saincte Marthe, enuiron fept lieues : Lefquelles
yfles nous vinfmes querir ledict iour, enuiron vne heure apres midy; & depuis ledict
iour iufques à l'orloge vyrente feifmes courir enuiron quinze lieues le trauers d'ung cap
d'yfles baffes, que nous nommafmes les yfles
Sainct Germain, au Sueft duquel enuiron
trois lieues y a vne autre baffe fort dangereufe. Et pareillemȇt entre le dict cap Sainct
Germain & Saincte Marthe, y a vng b̃ac hors
des dictes yfles enuiron deux lieues, fur lequel
n'y a que quatre braffes. Et pour le dãgier de
la dicte cofte mifmes les voylles bas, & ne
feifmes porter la dicte nuict.

Le lendemain dernier iour de Iuillet, feifmes courir le long de la dicte cofte qui gift Eft
& Onaift cart de Sueft, qui eft toute rengee
d'ifles & baffes & cofte fort dangereufe; laquelle cõtient depuis le dict cap des yfles Saĩct
Germain, iufques à la fin des yfles enuiron
dix fept lieues & demye. Et a la fin desdictes
yfles, y a vne fort belle terre baffe plaine de

grādz arbres & haultz : & eſt icelle coſte toute rengee de ſablons ſans y auoir aucune ap-
paroiſſance de hable, iuſques au cap de Thiē-
not qui ſe rabaſt, au Nor onaiſt qui eſt enuiron ſept lieues des dictes yſles. Lequel cap con-
gnoiſſons du precedent voyage. Et parce feiſmes porter toute la nuict à Onaiſt Noronaiſt
iuſques au iour que le vent vint contraire, &
feuſmes charcher vng haure ou miſmes noz
nauires, qui eſt vng bō petit haure, oultre ledict cap Thiennot enuiron ſept lieues & demye , & eſt entre quatre yſles ſortentes à la
mer, nous le nommaſmes le haure Sainct Nicolas, & ſur la plus prochaine yſle plātaſmes
une croix de boys pour merche. Et fault ame
ner la dicte croix au Nordeſt, puis l'aller querir & la laiſſer de tribort , & trouuerez de per
fond ſix braſſes poſez dedans le dict hable à
quatre braſſes, & ſe fault dōner garde de deux
baſſes qui demeurent des deux coſtez à demye lieue hors. Toute ceſte dicte coſte eſt fort
dāgereuſe & plaine de baſſes : nonobſtāt qu'il
ſemble y auoir pluſieurs bōs hables n'y a que
baſſes & plateys. Nous feuſmes au dict hable
depuis le dict iour iuſques au Dimenche. vii.
iour d'Aouſt : Auquel iour appareillaſmes &
vinſmes querir la terre deca vers le cap de Rabaſt, qui eſt diſtant du dict hable, enuiron. xx.

lieues Gifans Nort Nordeft & Sufur Onaift.
Et le lendemain le vent vint contraire : Et parce que ne trouuafmes nulz hables à la dicte
terre de Su. feifmes porter vers le Nort oultre le precedent hable de enuiron dix lieues,
ou nous trouuafmes vne moult belle & grã-
de baye, plaine d'yfles & bonnes entrees &
paffaige de tous les ventz qu'il fcauoit faire :
Et pour congnoiffance d'icelle baye y a vne
grand yfle comme vng cap de terre, qui s'a-
uance plus hors que les autres ; Et fur la terre
enuiron deux lieues, y a vne montaigne faicte
comme vng tas de bled, nous nommafmes la
dicte baye la baye fainct Laurens.

Le douziefme iour du dict moys nous par-
tifmes de la dicte baye fainct Laurens & feifmes porter à Onaift, & vinfmes querir vng
cap de terre deuers le Su qui gift enuiron
l'Onaift vng cart de Sur Onaift du dict hable
Sainct Laurens enuiron vingt cinq lieues.
Et par les deux fauuaiges que auions prins le
premier voyage, nous fut dict que ceftoit de
la dicte terre deuers le Su, & que ceftoit vne
yfle, & que par le Su d'icelle eftoit le chemin
à aller de Hõguedo ou nous les auions prins
lan precedent à Canada : Et que à deux iournees du dict cap & yfle cõmenceroit le royaulme de Saguenay à la terre deuers le Nort

allant vers le dict Canada, le trauers du dict
cap enuiron trois lieues y a de profond cent
braſſes & plus. Et n'eſt memoire de iamais a-
uoir tant veu de ballaynes que nous viſmes
celle iournee le trauers dudict cap.

Le lendemain iour noſtredame d'Aouſt
quinzieſme dudict moys, nous paſſaſmes le
deſtroict la nuict de deuant, & le lendemain
euſmes congnoiſſance de terres qui nous demouroient vers le Su : qui eſt vne terre à haul
tes montaignes à merueilles, Donc le cap ſuſ
dict de la dicte yſle que nous auons nommee
l'yſle de l'Aſſumption, & vng cap deſdictes
haultes terres giſent Eſt Nordeſt & Onaiſt
ſur Onaiſt, & y a entre eulx vingt cinq lieues,
Et veoit on les terres du Nord encores plus
haultes que celles du Su à plus de trête lieues.
Nous rãgeaſmes leſdictes terres du Su depuis
ledict iour iuſques au mardy que le vent vint
Onaiſt, & meiſmes le cap au Nord pour aller
querir leſdites haultes terres que voyons, &
noˢ eſtãs là trouuaſmes leſdictes terres vnyes
& baſſes vers la mer, & les montaignes deuers
le Nort par ſus leſdictes haultes terres giſant
icelles terres, Eſt, & Onaiſt vng cart de Sur
Onaiſt. Et par les ſauuaiges que auions, nous
a eſté dict que ceſtoit le commencement du
Saguenay & terre habitable. Et que de la ve

noit le cuyure rouge qu'ilz appellét caignetdaze. Il y a entre les terres du Su & celles du
Nort, enuiron trente lieues, & plus de deux
cens braſſes de perfond & nous ont leſdictz
Sauuaiges certiffié eſtre le chemin, & cōmen-
cement du grāt Silenne de Hochelaga & chemin de Canada : lequel alloit touſiours en e-
ſtroiſſent iuſques à Canada, puis q̄ l'on treu-
ue l'aue doulce qui va ſi loing que iamais hōme n'auroit eſté iuſques au bout qu'ilz euſſent ouy, & que autre paſſaige n'y auoit que
par bateaulx. Et voyant leur dire & qu'ilz af-
fermoient n'y auoir autre paſſaige, ne voulut
led́ cappitaine paſſer oultre iuſques a auoir
veu le reſte de ladicte terre & coſte deuers le
Nort, qu'il auoit obmis veoir depuis la Baye
ſainct Laurens pour aller veoir la terre du Su
pour veoir s'il y auoit aucun paſſaige.

℃ *Comment noſtre cappitaine feiſt retourner les*
nauires en arriere, iuſques a auoir congnoiſ-
ſance de la Baye ſainct Laurens pour ueoir s'il
v auoit aucun paſſaige vers le Nort.

E mercredy 18. iour de Aouſt, noſtre cappitaine feiſt retourner ſes na
uires en arriere, & meſtre le cap à
l'autre bort. Et rāgeaſmes ladicte coſte du Nort qui giſt Nordeſt & Sur Ornaiſt

faifant vng demy arc, qui eft vne terre fort haulte non tant comme celle de Su : Et arriuasmes le ieudy enfuyuant à fept yfles fort haultes : lefquelles nous nommafmes les yfles Rondes, qui font à enuiron quarante lieues des terres du Su , & s'auancent hors à la mer trois ou quatre lieues, le trauers defquelles y a vng commencement de basses terres plaines de beaux arbres ; lefquelles terres nous régeafmes le vendredi auec noz barques, le trauers defquelles y a plusieurs bancqs de fablon à plus de deux lieues à la mer, fort dãgereux, lefquelz defcueurent de baffe mer, & au bout d'icelles baffes terres qui contiennent enuiron dix lieues, y a vne riuiere d'eaue doulce, fortant à la mer, tellement que à plus d'une lieue d'elle eft auffi doulce q̃ eaue de fontaine. Nous entrafmes en lad̃ riuiere auecq noz barques, & ne trouuafmes à l'entree d'icelle que braffe & demye. Il y a dedans ladicte riuiere plusieurs poiffons, qui ont forme de cheuaulx, lesquelz vont à la terre de nuict, & de iour à la mer, ainfi qu'il nous feut dict par noz deux sauuaiges : Et de ces dictz poiffons veifmes grand nombre dedans la dicte riuiere.

Le lendemain 21. iour dudict moys au matin à l'aube du iour feifmes voylle & feifmes porter le long de la dicte cofte, tant que nous euſmes congnoiſſance de la reſte de la dicte cofte du Nort, que n'auions veu, & de l'yſle de l'Aſſumption, que nous auions eſté querir au partir de la dicte terre : & lors que nous feuſmes certains que ladicte cofte eſtoit rengee, et qu'il n'y auoit nul paſſaige, retournaſmes à noz nauires qui eſtoient eſdictz ſept yſles où il y a bonne radde à dix huict & vingt braſſes de ſablon : auquel lieu auons eſté ſans pouoir ſortir n'y faire voylle pour la cauſe des bruynnes & ventz cōtraires qui faiſoiēt iuſques au. xxiiii. iour dudict moys que ſommes arriuez à vng hable de la cofte du Su, qui eſt à enuirō quatre vingt lieues des dictz ſept yſles, qui eſt le trauers de trois yſles plattes, qui font par le parmy du fleuue. Et enuiron le my chemin des dictes yſles & ledict hable deuers le Nort, y a vne fort grande riuiere, qui eſt entre les haultes & baſſes terres, qui faict pluſieurs bācqs à la mer à plus de trois lieues, qui eſt vng pais fort dangereux & font de deux braſſes & moins, & à la creſte de iceulz bancqs trouuerez xxv. & xxx. braſſes bort à bort, toute icelle cofte du Nort, gift, Nort, Nordeſt, & Su ſur Onaiſt.

Le hable deuantdict ou poſaſmes qui eſt à la terre du Su, eſt hable de marie & de peu

de valleur, nous les nommaſmes les Yſleaux
ſainct Iehan, parce que nous y entraſmes le
iour de la decollation dudict ſaict. Et au parauant que arriuer audict hable, y a vne yſle à
Beſt d'icelluy enuiron cinq lieues, ou il n'y à
point de paſſaige entre terre & elle que par
baſteaux : le dict hable des yſleaux ſainct Iehã
aſſeche toutes les marees, & y maryne l'eaue
de deux braſſes : Le meilleur lieu à mettre nauires eſt vers le Su d'ung petit yſlot qui eſt au
parmy du dict hable bort au dict yſlot.

Nous appareillaſmes du dict hable le premier iour de ſeptembre pour aller vers Canada, & enuiron quinze lieues du dict hable à
l'Onaiſt, Sur, Onaiſt y a trois yſles au parmy
du fleuue, le trauers deſquelles y a vne riuiere
fort perfonde & courante, qui eſt la riuiere
& chemin du royaulme & terre de Saguenay,
ainſi que nous a eſté dict par noz deux ſauua-
ges du pais de Canada. Et eſt icelle riuiere entre haultes montaignes de pierre nue, ſans y
auoir que peu de terre, & nonobſtãt y croiſt
grand quantité d'arbres & de pluſieurs ſortes
qui croiſſent ſur la dicte pierre nue comme
ſur bonne terre, de ſorte qui y auons veu arbre ſuffiſant à maſter nauire de trente ton-
neaulx, auſſi vert qu'il ſoit poſſible de veoir
lequel eſtoit ſur vng rocq ſans y auoir aucu-

ne faueur de terre, à l'entrée d'icelle riuiere trouuafmes quatre barques des fauuages, les quelz venoient vers nous en grand peur & craiĉte, de forte qu'il en recueillit vne, & lautre approcha pres qu'ilz peurent entendre l'un de noz fauuages, qui fe nomma & feift fa congnoiffance, & les feift venir feurement.

Le lendemain deuxiefme iour du diĉt feptembre, refortifmes hors de la diĉte riuiere pour faire le chemin vers Canada, & trouuafmes la mares fort courante & dangereufe, parce que deuers le Su de la diĉte riuiere y a deux yfles, A l'entour defquelles, à plus de trois lieues n'y a que deux braffes femees de gros perrons, comme tonneaulz & pippes, & les marees de ce puantes par entre lefdiĉtes yfles, de forte que cuydafmes y perdre noftre gallyon, finon le fecours de noz barques & à la crefte des diĉtz plateys, y a de perfond trente braffes & plus. Paffe ladiĉte riuiere du Saguenay & les diĉtes yfles, enuiron cinq lieues vers le Sur Onaiĉt, y a vne autre yfle vers le Nort, de laquelle y a de fort haultes terres le trauers defquelles cuydafmes pofer l'ancre pour eftaller l'obbe, & ny peufmes trouuer le fonds à fix vingtz braffes a vng traiĉt d'arc de terre, de forte que feufmes cõ-

trainctz retourner vers la dicte ysle, ou paſ-
ſames à trente cinq braſſes, & beau fondz.

Le lendemain matin feiſmes voylle, & appareillaſmes pour paſſer oultre , & euſmes
congnoiſſance d'une ſorte de poiſſons, deſquelz il n'eſt memoire d'homme auoir veu
n'y ouy : Les dictz poiſſons ſont auſſi gros cōme marſouyns ſans auoir aucun eſtre, & ſont
aſſez faictz par le corps & teſte de la facon
d'ung leurier, auſſi blancs que neige, ſans a-
uoir aucune tache : & en y a fort grand nōbre
dedās la dicte riuiere qui viuent entre la mer
& l'eaue doulce : Les gens du pais les nommēt
Adhothuys : & nous ont dict qu'ilz ſont fors
bons à menger, & nous ont affermè n'y en a-
uoir en tout le dict fleuue q̄ en ceſt endroict.

Le ſixieſme iour dudict moys auec bon
vent feiſmes courir à mont le dict fleuue enuiron quinze lieues, & vinſmes poſer à vne
yſle qui eſt bort à la terre du Nort, qui faict
vne petite baye & couche de terre : à laquelle
y a ung nombre ineſtimable de grandes tor-
tues, qui ſont es enuirons d'icelle yſle, Pareil
lemēt par iceulz du pais, ſe faiſt es enuirons
de la dicte yſle grād peſcherie de Adhothuys.
Il y a auſſi grant courant es enuirons de ladicte yſle cōme deuāt Bordeaux de flo, & ebbe.
Icelle yſle contient enuiron trois lieues de

long & deux de large : & eſt vne moult bonne terre & graſſe, plaine de beaulx & grandz arbres de pluſieurs ſortes : & entre autres y a pluſieurs couldres franches que trouuaſmes fort chargees de noiſilles auſſi groſſes & de meilleur ſaueur que les noſtres, mais vng peu plus dures. Et parce la nōmaſmes l'yſle es Couldres.

Le ſeptieſme iour dudict moys iour noſtredame, apres auoir ouy la meſſe, nous partiſmes de ladicte yſle pour aller à mont ledict fleuue, & vinſmes à quatorze yſles qui eſtoiét diſtantes de ladicte yſle es couldres de ſept à huict lieues, qui eſt le commencement de la terre & prouince de Canada : deſquelles en y a vne grande qui a enuiron dix lieues de long & cinq de large, en laquelle y a gens demourrans qui font grand peſcherie de tous les poiſſons qui ſont dedans le dict fleuue ſelon leur ſaiſon. Nous eſtans poſez & a l'encre entre icelle grande yſle, & la terre du Nort, alaſmes à terre & portaſmes les deux ſauuaiges que auions prins le precedent voyage :

Et trouuaſmes pluſieurs gens du pays, leſquelz commencerent à fuyr, & ne vouloient aprocher iuſques ad ce que noſdictz deux hōmes commencerét à parler, & leur dire qu'ilz eſtoient Taignoagny & dom Agaya. Et lors

qu'ilz eurent congnoiſſance d'eulx commécerent a demener ioye danſans & faiſans plu
ſieurs cerimonies ; & vindrēt parler des prin-
cipaulz à noz baſteaux, leſquelz nous apportoient force anguilles, & aultres poiſſons,
avec deux ou trois charges de gros mil, qui
eſt le pain de quoy ilz viuent en la dicte terre, & pluſieurs gros melons. Et icelle iournée
vindrent à noz nauires pluſieurs barques du
pays chargées de gens tant hommes que fem
mes pour veoir & faire chaire à nos dictz deux
hommes, les quelz feurent tous bien receuz
par noſtre cappitaine, qui les feſtoya de ce
qu'il peuſt, & pour faire ſa cōgnoiſſance leur
dōna aucuns petis preſens de peu de valleur,
de quoy ſe contenterent fort.

Le lendemain le ſeigneur de Canada nō-
mè Donnacona en nom, & l'appellent pour
ſeigneur Agouhanna, vint avecques douze
barques accompaigné de pluſieurs gens dauant noz nauires. Puis enfeiſt retirer arriere
dix, & vint ſeulement avec deux à bort deſdictz nauires, accōpaigné de ſeize hommes,
& comméca ledict Agouhanna le trauers du
plus petit de noz trois nauires a faire vne pre
dication & preſchement à leur mode, en de-
menant ſon corps & membres d'une merueil
leuſe ſorte, qui eſte vne cerimonié de ioye &

affeurance, Et lors qu'il fut arriué à la nef generalle ou eftoient les dictz Taignoagny & fon compaignon, parla le dict feigneur à eulx, & eulx à luy, & luy commécerent a compter ce qu'ilz auoient veu en France, & le bon traictement qu'il leur auoit efté faict, dequoy fut fort ioyeulx, & pria noftre cappitaine luy bailler fes bras pour les baifer & accoller, qui eft leur mode de faire chere en ladicte terre. Lors noftre cappitaine entra en la dicte barque du dict Agouhanna, & comman da apporter pain & vin pour faire boire & menger ledict feigneur & fa bande, ce qui fut faict, dequoy furent fort contens. Et pour lors ne fut aultre prefent faict audict feigneur attendant lieu & temps. Apres lefquelles chofes ainfi faictes, fe departirent les vngs des aultres, & prindrent congé, & fe retira le dict Agouhanna en fes barques pour fe retirer & aller en fon lieu. Et feift le dict cappitaine apprefter fes barques pour paffer oultre, & aller auant le dict fleuue auec le flo, pour cercher hable & lieu de fauueté pour mettre les nauires, & feufmes oultre le dict fleuue enuiron dix lieues couftoyàt la dicte yfle. Et au bort d'icelles trouuafmes vng affeurg d'eaulx fort beau & plaifant. Au quel lieu y a une petitie riuiere & hable de

barre marinant de deux à trois braſſes, que
trouuaſmes lieu à nous propice pour mettre noſdictes nauires à ſauueté. Nous nommaſmes le dict lieu ſaincte Croix, par ce que
le dict iour y arriuaſmes. Aupres d'iceluy
lieu y a vng peuple, dont eſt ſeigneur le dict
Donnacona, & y eſt ſa demeurance qui ſe
nomme Stadacone, qui eſt auſſi bonne terre qu'il ſoit poſſible de veoir & bien fru-
ctiferéte, pleine de fort beaulx arbres de la
nature & ſorte de France. Comme cheſnes,
ormes, freſnes, noyers, yfz, cedres, vignes,
aubeſpines, qui portent le fruict auſſi gros
que prunes de damas, & aultres arbres :
ſoubz les quelz croiſt de auſsi beau chanure que celuy de France, qui vient ſans
ſemence ny labour. Apres auoir viſite ledict lieu, & trouvé eſtre conuenable, ſe
retira ledict cappitaine, & les aultres dedans les barques pour retourner es nauires. Et ainſi que ſortiſmes hors de la dicte riuiere trouuaſmes au deuant de nous
l'ung des ſeigneurs dudict peuple de Stadacone accompaigné de pluſieurs gens tant
hommes, femmes que enfans : lequel ſeigneur commenca a faire vng preſchement
à la facon & mode du pays, qui eſt de
ioye & aſſeurance, & les femmes danſoient

& chantoient fans ceffe eftans en l'eaue iufques es genoulx. Noftre cappitaine voyant
leur bñne amour & bon vouloir, feift approcher la barque ou il eftoit, & leur donna des
coufteaulx, & petites patenoftres de voirre,
de quoy menerent vne merueilleufe ioye, de
forte que nous eftans departis d'auec eulx
diftāt d'une lieue ou enuiron, les oyons chāter, danfer, & mener ioye de noftre benne.

℃ *Comme noftre cappitaine retourna es nauires*
& alla ueoir l'yfle, la grandeur & nature d'i-
celle, & comme il feift mener les diɛtʒ nauires
à la riuyere faincte Croix.

Pres que nous feufmes arriuez a-
uec noz barques aufdiɛtʒ nauires
& retournez de la riuyere faincte
Croix, le cappitaine Hinanda apprefter lefdictes barques pour al-
ler à terre à la dicte yfle veoir les arbres qui
fembloient fort beaulx a veoir, & la nature
de la terre d'icelle yfle. Ce que fut faict, &
nous eftans à ladicte yfle la trouuafmes plaine de fors beaulx arbres de la forte des noftres. Et pareillement y trouuafmes force vignes, ce que n'auyons veu par cy deuant à
toute la terre, & par ce la nommafmes l'yfle

de Bacchus. Icelle yſle tient de lōgueur enuirō douze lieues, & eſt fort belle terre a veoir,
mais eſt plaine de boys ſans y auoir aucun
labouraige, fors qu'il y a aucunes petites maiſons ou ilz font peſcherie, comme par cy deuant eſt faicte mention.

Le lendemain partiſmes auec noſdictz nauires pour les mener audict lieu de ſaincte
Croix, & y arriuaſmes le. 14. dudict moys. Et
vindrent au deuant de nous leſdictz Donnacona Taignoagny & Dom agaya auec vingt
cinq barques chargez de gens qui venoient
dudict lieu dont eſtions partis, & alloient audict Stadacone ou eſt leur demourāce, & vindrent tous a noz nauires faiſans pluſieurs ſignes de ioye, fors noz deux hōmes que auiōs
apportez, Scauoir Thaignoagny & Dom a-
gaya, leſquelz eſtoient tous changez de propos, & de couraiges, & ne vouloient entrer
dedens nos dictz nauires, nonobſtāt qu'ilz en
feuſſent pluſieurs fois priez : dequoy euſmes
aucune deffiāce d'eulx. Le cappitaine leur demanda s'ilz vouloient aller comme ilz luy a-
uoient promis auec lui à Hochelaga , & ilz
reſpondirent que oy : & qu'ilz eſtoient deliberez y aller : lors chaſcun ſe retira.

Le lendemain. 15. ledict cappitaine feuſt à
terre auec pluſieurs pour faire plāter ballifes

& merches pour plus feurement mettre les nauires à fauueté. Auquel lieu fe rédirent audeuant de nous plufieurs gens du pays & entre aultre le dict Donnacona noz deux hommes & leur bande, lefquelz fe tindrent apart foubz vne poincte de terre qui eft fur le bort d'ung fleuue, fans ce que aucun d'eulx vint enuiron nous, cōme les aultres qui n'eftoient de leur bande faifoient. Apres que le cappitaine fut aduerty qu'ilz y eftoient, commanda à partie de fes gens aller auecques luy, & furét vers eulx foubz ladicte pointe, & trouuerent les ditz Donnacona, Taignoagny, Dom agaya & plufieurs aultres : & apres fe eftre entre faluez, fe auāca ledict Taignoagny de parler, & dit à noftre cappitaine que ledict feigneur Donnacona eftoit marry, dōt ledict cappitaine & fes gens portoient tant de baftons de guerre, par ce que de leur part n'en portoient nulz. A quoy leur refpōdift ledict cappitaine que pour leur marriffon ne laifferont a les porter, & que c'eftoit la couftume de France, & qu'il le fcauoit bien, mais pour toutes leurs parolles ne laifferent le dict cappitaine & Donnacona a faire grand chere enfemble. Lors aperceufmes que ce que difoit le Taignoagny ne venoit que de luy & fon cōpaignō. Et auāt de partir dudict lieu, lefdictz

Doñacona & cappitaine feirét vne affeurāce
de forte merueilleufe, car tout le peuple dudict feigneur Donnacona gecterét & feirent
trois cris à plaine voix, q̃ ceftoit chofe horrible a ouyr, & a tãt pridrét cõgié les vngs des
aultres, & nous retirafmes à bort pour celuy
iour, & le lédemain. 16. dudict moys nous meif
mes les deux plus grãdz nauires dedens ledict
hable & riuiere, ou il y a de plaine mer trois
braffes & de bas d'eaue demy braffe, & fut
laiffe le gallyõ dedés la radde pour mener au
dict Hochelaga. Et tout icõtinét que lefdictes
nauires furét audict hable & affeur, fe trouue
rent deuāt les dictes nauires Doñacona, Taignoagny, Domagaya, & plus de cĩq cés p̃fones
hõmes, femes, que petis enfans, et entra ledict
feigneur auec dix ou douze des plus grãdz p̃-
sõnaiges du pays, lefquelz furét p̃ ledict cappitaine & autres feftoyes, & leur fut dõné aucũs
petis prefés, & fut p̃ Taignoagny dict à noftre
cappitaine, q̃ ledict feigneur eftoit marry dõt
il alloit à Hochelaga, & que ledict feigneur ne
vouloit q̃ luy q̃ p̃loit y allaft p̃ ce q̃ la riuiere
ne valloit riés, & leur fuft refp̃õdu p̃ ledict cappitaine q̃ pour tout ce ne laifferoit y aller f'il
luy eftoit poffible ; par ce qu'il auoit cõmãde
ment du roy fon maiftre de aller le plus auãt
qu'il pourroit : mais fi le dict Taignoagny y

voulant aller comme il auoit promis, qu'on luy feroit present, dequoy il feroit cõtent & grand chere, & qu'ilz ne feroient que aller & venir seulement audict Hochelaga, puis retourner. A quoy respondist le dit Taignoagny, qu'il n'y yroit point. Lors se retirerent a leurs maisons. Et le lendemain. 17. dudict moys, le dict Donnacona & les aultres reuindrent comme deuant, & apporterent force anguilles & aultres poissons, dequoy se faict grand pescherie audict fleuue, comme sera cy apres dict. Lors qu'ilz furent arriuez deuant lesdictes nauires, commencerent a chanter & danser cõme auoient de coustume. Et apres qu'ilz eurent ce faict, feict ledict Donnacona mettre tous ses gens d'ung costé, & feist vng cerne sur le sable, & y feist mettre nostre cappitaine & ses gens : & lors commenca vne harengue, tenãt vne fille d'enuiron l'aage de dix à douze ans en l'une de ses mains, puis la vint presenter à nostre cappitaine, & tout incontinent tous les gens dudict seigneur se prindrent a faire trois criz & hurlemens en signe de ioye & alliance. Puis de rechef presenta deux petis garsons de moïdre aage l'un apres l'aultre, desquelz feirent telz criz & cerimonies que deuant. Duquel present ainsi faict par le dict seigneur fut par nostre cappitaine

remercié. Lors Taignoagny dišt au cappitaine que la fille eſtoit la propre fille de la ſeur
dudict ſeigneur, & l'ung des garſons frere de
luy qui parloit, Et qu'on les luy donnoit ſur
l'intention qu'il n'allaſt point à Hochelaga.
A quoy luy reſpondiſt noſtre cappitaine, que
ſi on les luy auoit donnez ſur ceſte intétion,
que on les reprint, & que pour riens ne laiſ-
ſeroit y aller par ce qu'il auoit cōmādemét de
ce faire. Sur les quelles parolles Dom agaya
compaignon dudict Taignoagny, dict audict
cappitaine que ledict ſeigneur luy auoit dōné les dictz enfans par bonne amour, & en ſigne d'aſſeurāce, & qu'il eſtoit cōtét aller auec
luy audict Hochelaga, de quoy eurent groſſes
parolles leſdictz Taignoagnv & Dom agaya.
Lors aperceuſmes que ledict Taignoagny ne
valloit riés, & qu'il ne ſongeoit que trahiſon
& malice tāt p̃ ce que aultres mauuais tours
que luy auiōs veu faire. Et ſur ce ledict cappitaine feiſt mettre leſditz enfans dedās les nauires, & feiſt apporter deux eſpées, vng grand
baſſin d'arain plain, & vng ouuré pour lauer
mains, & en feiſt preſent audict Donnacona,
lequel fort ſ'en cōtéta & remercia noſtre cappitaine, Et cōmāda ledict Donnacona a tous
ſes gés chāter & dāſer, & pria ledict Dōnacona
noſtre cappitaine faire tirer vne piece d'ar-

C

tillerie, par ce que lefdictz Taignoagny &
Dom agaya luy en auoient faict fefte, & auffi que iamais n'en auoiét veu, ny ouy. A quoy
le cappitaine refpondift qu'il le vouloit bien,
& commanda que on tiraft vne douzaine de
barges auec leurs bouffetz le trauers du boys
qui eftoit iouxte lefdictes nauires & gens.
Dequoy furent tous fi eftonnez qu'ilz pen-
foient que le ciel feuft cheu fur eulx, & fe
prindrent a hucher & hurler fi tres fort, que
fembloit que enfer y feuft vuide, & dauant
qu'ilz fe retiraffent, le dict Taignoagny feift
dire par interpofés perfonnes, que les compaignons du gallyon, lequel eftoit demouré
à la radde, auoient tué deux de leurs gens de
coups d'artillerie : dont tous fe retirerent à
grand hafte, ainfi que fi les euffions voulu
tuer. Ce que ne fe trouua verité : car durāt ledict iour ne fut dudict gallyon tiré artillerie.

¶ Comment lefdictz Donnacona, Taignoagny,
& aultres fongerent une fineffe, & feirent
habiller trois hommes en guife de diables, faignans eftre uenuz de par
Cudriagny leur dieu pour nous
empefcher d'aller au-
dict Hoche
laga.

E lendemain. 18. dudict moys pour nous cuyder toufiours empefcher d'aller à Hochelaga, fongerent vne grand finefle qui feuft telle, ilz habillerent trois hommes en la facon de trois diables, lefquelz auoient cornes auffi lōgues que le bras, & eftoient veftus de peaulx de chien noirs & blācs. Et auoiét le vifaige paict auffi noir que charbon, & les feirent mettre dedās vne de leurs barques à noftre non fceu; & leur bande vint comme ilz auoient de couftume au prez de noz nauires, lefquelz fe tindrent dedans le boys fans apparoiftre enuiron deux heures, attendant que l'heure & marée fut venue pour l'arriuée de la dicte barque. à la quelle heure fortirent tous du boys, & fe prefēterét deuāt lefdictes nauires fans eulx approcher ainfi qu'ilz fouloiét faire, & cōmece le dict Taignoagny a faluer noftre cappitaine qui luy demanda s'il vouloit le bateau, lequel luy refpōdift que nō pour l'heure, mais que tātoft il entreroit dedās lefdictes nauires & incōtinét arriua ladicte barque ou eftoiét lefdictz trois hoīmes appoiffāt eftre trois diables ayans de grādz cornes fur leurs teftes, & faifoit celuy du milieu vng merueilleux fermō en venāt : lefquelz pafferét le lōg de noz nauires auec leur dicte barq̄, fās aucūemét tourner

leur veue vers nous, & allerét aſſener & dōner en terre avec leur dicte barque, & tout incōtinét ledict ſeigneur Doñacona & ſes gens
prindrent ladicte barque & leſditz trois hōmes, leſquelz s'eſtoient laiſſé cheoir au fondz
d'icelle comme gés mortz, & porterét le tout
enſemble dedās le boys qui eſtoit diſtāt d'ūg
gect de pierre, & ne demoura vne ſeulle pſōne
deuant noſdictes nauires que tous ne ſe reti-
raſſent dedās ledict boys, & eulx eſtās audict
boys commécerét vne predicatiō & preſchement que nous oyons de noz nauires q̃ dura
enuiron demye heure. Apres laquelle ſortirét
les dictz Taignoagny & Dom agaya marchās
ver nous, ayans les mains ioinctes, & leurs
chappeaulx ſoubz leurs coddes, faiſans vne
grāde admiratiō. Et cōméca le dict Taignoagny a dire, & proferer par trois fois *Ieſus, Ieſus, Ieſus* leuāt les yeulx vers le ciel, puis Dom
agaya commenca a dire *Ieſus Maria*. Iacques
Cartier regardant vers le ciel comme l'aultre.
Le cappitaine voyant leurs mines & cerimonies, leur cōmenca a demander qu'il y auoit,
& que c'eſtoit q̃ eſtoit ſuruenu de nouueau,
Leſquelz reſpondirent qu'il y auoit de piteu-
ſes nouuelles, en diſant, nenny, eſt il bon. Et
ledict cappitaine leur demanda de rechef qu-
c'eſtoit : & ilz repōdirét, que leur dieu nome

mé Cudragny auoit parlé à Hochelaga, &
que les trois hommes deuant dictz eftoiét venus de par luy leur annoncer les nouuelles,
qu'il y auoit tant de glaces & de neiges qu'ilz
mouroient tous. Desquelles parolles nous
prinfmes tous a rire, & leur dire que leur dieu
Cudragny n'eftoit que ung fot, & qu'il ne fcauoit qu'il difoit, & qu'ilz le difent à fes mef-
fagiers, & que Iefus les garderoit bié de froid
s'ilz luy vouloiét croire. Lors dedict Taignoagny & fon compaignon, demanderêt audict
cappitaine s'il auoit parlé à Iefus, & il refpõ-
dift que fes prebftres y auoient parlé, & qu'il
feroit beau temps. Defquelles parolles remercierent le dict cappitaine, & fe retirent
dedans le boys dire les nouuelles aux aultres,
qui fortirent dudict boys tout incontinent
faignans eftre ioyeulx defdictes parolles par
ledict cappitaine ainfi dictes. Et pour mon-
ftrer qu'ilz en eftoient ioyeulx, tout incontinent qu'ilz furent deuant les nauires commencerent d'une commune voix a faire trois
criz & hurlemens, qui eft leur figne de ioye,
& fe prindrent a danfer & chanter, comme
auoient de couftume : mais pour refolution
lefdictz Taignoagny & Dom agaya dirent à
noftre dict cappitaine, que le dict feigneur
Donnacona ne vouloit point que nul d'eulx

allaſt à Hochelaga auec luy. S'il ne bailloit ple
ge qui demouraſt à terre auec ledict Donnacona. Le cappitaine leur reſpondiſt que s'ilz
n'eſtoient deliberez y aller de bon couraige
qu'ilz demouraſſent, & que par eulx ne laiſſe-
roit mettre paine y aller.

℃ *Comment noſtre cappitaine & tous les gen-*
tilz hommes auec cinquante hommes mari-
niers partirent de la prouince de Canada a-
vec le gallyon, & les deux barques, pour al-
ler à Hochelaga, & de ce que fut ueu entre
deux ſur ledict fleuue.

L E lendemain. 19. iour dudict moys
de Septembre, nous appareillaſmes
& feiſmes voylle auec le dict gal
lyon & les deux barques, pour aller auec la
marée amont ledict fleuue, ou trouuaſmes à
veoir des deux coſtez d'icelluy les plus belles & meilleures terres, qu'il ſoit poſſible de
veoir. Auſſi viues que l'eaue plaine des
beaulx arbres du monde : & tant de vignes
chargez de raiſins le long dudict fleuue, qu'il
ſemble mieulx qu'elles ayent eſté plantez de
main d'homme que aultrement : mais par ce
qu'elles ne ſont cultiuez ne taillez, ne ſont

les raifins fi groz & fi doulx que les noftres :
pareillement trouuafmes beaucoup de maifons fur ledict fleuue, lefquelles font habitees
de gens qui font gràde pefcherie de tous poiffons : lefquelles gens venoient à noz nauires
d'auffi grand amour & priuaulté, que fi euffions efté du pays, Nous apportant force poiffon, & de ce qu'ilz auoient pour auoir de noftre marchandife tendans les mains au ciel, &
faifans plufieurs fignes de ioye. Et nous eftàs
pofez enuiron ving cinq lieues de Canada
en vng lieu nommé Ochelay, qui eft vng
deftroict dudict fleuue fort courant & dangereux, tant de pierres que d'aultres chofes vindrent plufieurs barques à bort. Et
entre aultres, y vint vng grand feigneur du
pays, lequel faifoit un grand fermon en ve-
nant & arriuant à bort, monftrant par fignes euidens auec les mains & aultres cerimonies, que le dict fleuue eftoit vng peu
plus auant fort dangereux, nous aduertif-
fant de nous en donner garde. Et prefen-
ta celuy feigneur au cappitaine deux de fes
enfans, defquelz le cappitaine print vne fille
de l'aage d'enuirō fept a huict ans, & reffufant
vng garfon de deux ou trois ans, par ce qu'il
eftoit trop petit, Le dict cappitaine feftoya le
dict feigneur & fa bande de ce q̄l peuft, & luy

donna aucun petit prefent : puis f'en allerent à terre, Et depuis font venus celuy feigneur & fa femme veoir leur fille iufques à Canada, & apporter aucun prefent au cappitaine, Depuis le. 19. iour iufques au 28, dudict moys nous auons efté nauigans a mont ledict fleuue fans perdre heure ny iour, durand lequel temps auōs veu & trouvé d'auffi beau pays & terres auffi vnyes que l'on fcauroit defirer, plaine comme dict eft des beaulx arbres du monde, fcauoir chefnes, hormes, noyers, cedres, pruches, frefnes, briez, fandres, oziers, & force vignes. Lefquelles auoient fi grand habondance de raifins, que les compaignons en venoient chargez à bort. Il y a feulement force grues, fignes, oultardes, oyes, cannes, allouettes, faifans, perdrix, merles, mauuis, teurtres, chardonnereulx, ferins, rouffignolz, paffes folitaires, & aultres oyfeaulx, comme en France, & en grand habondance.

Ledict. 18. iour de feptembre nous arriuafmes en vng grand lac & playne dudict fleuue, large d'enuiron cinq ou fix lieues, & douze de long, Et nauigafmes celluy iour amont fans y trouuer partout icelluy q̃ deux braffes de parfond efgallement fans haulfer ny baiffer. Et nous arriuãs a l'ung des boutz dudict lac, ne nous apparoiffoit aucun paffaige

n'y fortye : Ains fembloit icelluy eftre tout
cloz fans aucune riuiere, & ne trouuafmes
audict bout que braffe & demie, dont nous
conuint pofer & mettre l'ancre hors, & aller
chercher paffage auec les barques : & trouuafmes qu'il y a quatre ou cinq riuieres toutes
fortantes dudict fleuue en icelluy lac, & ve-
nant dudict Hochelaga : mais en icelluy ainfi
fortantes, y a barres & trauerfes faictes par le
cours de l'eaue, ou il n'y auoit pour lors que
vne braffe : Et lefdictes barres paffees y a quatre ou cinq braffes, qui eftoit le téps des plus
petites eaues de lannée, ainfi que nous vinfmes par les flotz des dictes eaues qu'elles croif-
fent de plus de trois braffes de pic, toutes icelles riuieres circuyfent & enuironnent cinq
ou fix belles yfles, qui font le bout dudict lac :
puis fe raffemblent enuiron quinze lieues à
mond toutes en vne. Celuy iour feufmes à
l'une d'icelles, ou trouuafmes cinq hommes
qui prenoient des beftes fauuaiges : les quelz
vindrent auffi priuement à noz barques, que
s'ilz nous euffent veu toute leur vie fans auoir
peur ne craincte, & nofdictes barques arriuez à terre, l'un d'iceulx hommes print noftre cappitaine entre fes bras, & le porta à terre auffy legierement que fy feuft efté vng enfant de cinq ans, tant eftoit icelluy homme

grand & fort. Nous leur trouuafmes vng grand mouceau de raz fauuaiges : lefquelz viuent en l'aue, & font gros comme connyns, & bons à merueilles. Defquelz feirent prefent à noftre cappitaine, qui leur donna des coufteaulx, & patenoftres pour recompence. Nous leur demandafmes par figne, fi c'eftoit le chemin de Hochelaga : Ilz nous monftrerent que ouy, & qu'il y auoit encores trois iournees à y aller.

⊄ Comment le cappitaine feift accouftrer les barques pour aller audict Hochelaga. & laifferent le gallyon pour la difficulté du paffaige : & comment nous arriuafmes audict Hochelaga, & le racueil que le peuple nous feift à noftre arriuée.

E lendemain noftre cappitaine voyant qu'il n'eftoit poffible pouoyr pour lors paffer le dict gallyon, feift aduictailler & accouftrer les barques, & mettre victuailles pour le plus de temps qu'il feuft poffible, & que lefdictes barques en peurent accueillir, & fe partit auecques icelle accompaigné des gentilz hommes : fcauoir Claude

du pont grand echanson de monseigneur le
Dauphin. Charles de la Pommeraye, Iehan
gouion, Iehan poullet, auec vingt huict marinyers, y comprins Mace iallobert & Guillaume le breton, ayans la charge soubz le cappitaine des deux autres nauires, pour aller a-
mond ledict fleuue, au plus loing qu'il nous
seroit possible. Et nauigasmes de temps à gré
iusques au dixneufiesme iour d'Octobre, que
nous arriuasmes audict Hochelaga, qui est di-
stant d'ou estoit demouré ledict gallyon, de
quarante cinq lieues. Auquel & chemin faisant trouuasmes plusieurs gens du pays, lesquelz nous apportoient du poisson. & aultres victuailles, dansans & menans grãd ioye
de nostre venue. Et pour les atraire & tenir
en amytié auec nous, leur donnait ledict cap
pitaine pour reconpence, des cousteaulx,
patenostres & aures menues choses, dequoy
estoient fort contens. Et nous arriuez audict
Hochelaga, Se rendirent au deuant de nous
plus de mil personnes, tant hommes femmes
que enfans; Lesquelz nous feirent aussy bon
racueil, que iamais pere feist à enfant, menant ioye merueilleuse : Car les hommes en
vne bande dansoyent. Les femmes d'aultre & les enfans de l'autre : & apres ce nous

apporterent force poiſſon, & de leur pain
faict de gros mil, qui gettoient dedans noſdictes
barques, en ſorte qu'il ſembloit qu'il tum-
baſt de l'aer, voyãtce, noſtredict cappitaine deſ-
cendit à terre auec pluſieurs de ſes gens. Et ſi
toſt qu'il fut deſcendu, ſe aſſemblerent tous
ſur luy, & ſur tous les autres, en faiſant vne
chaire ineſtimable ; Et apportoient leurs enfans à braſſees pour les faire toucher audict
cappitaine & autres, faiſant vne feſte, qui du
ra plus de demye heure, Et voyant noſtre cap
pitaine leur largeſſe & bon recueil, feiſt aſ-
ſeoir & renger toutes les femmes, & leur donna des petites patenoſtres d'eſtain & aultres
menues choſes : & à partye des hommes des
couſteaulx, puis ſe retira à bort des barques
pour ſouper & paſſer la nuict : durant laquel
le demoura icelluy peuple ſur le bort dudict
fleuue a plus pres deſdictes barques, faiſant
toute nuict pluſieurs feux & danſes, en diſant à toutes heures Aguyaze, qui eſt leur dire de ſalut & ioye.

23

℃ *Comment le cappitaine & les gentilz hom-*
mes auec uingt cinq hommes bien armez &
en bon ordre, allerent en la uille de Hoche-
laga & la fituacion dudiĉt lieu.

E lendemain au pl' matin le cappitaine f'acouftra & feift mettre fes gens en ordre pour aller
veoir la ville & demourant dudiĉt peuple, & vne montaigne
qui eft iacente en leur diĉte ville : ou allerent
auec le diĉt cappitaine les gentilz hommes &
vingt marinyers, & laiffa le parfus pour la
garde des barques, & print trois hommes de
la diĉte ville de Hochelaga pour les mener &
conduyre audiĉt lieu, & nous eftans en che
min, le trouuafmes auffi battu qu'il foit poffible, & plus belle terre & meilleure qu'on
fcauroit veoir, toute plaine de chefnes auffy
beaulx qu'il y ayt en foreft de France : Soubz
lefquelz eftoit toute le terre couuerte de glã.
Et nous ayans marché enuiron lieue & demye trouuafmes fur le chemin, l'un des principaulx feigneurs de la diĉte ville, accompaigné de plufieurs perfonnes : lequel nous feift
figne qu'il fe failloit repofer audiĉt lieu pres
vng feu qu'ilz auoient faiĉt audiĉt chemin.
Ce que feifmes, lors commenca lediĉt fei-

gneur à faire vng fermon & prefchement, cō
me cy deuant eft dict eftre leur couftume de
faire ioye & congnoiffance, en faifant celluy
feigneur chere audict cappitaine & fa com-
paignie, lequel cappitaine luy donna vne couple de haches, & vne couple de coufteaulx, a
uec vne croix, qu'il luy feift baifer, & la luy
pendit au col : de quoy rendit graces audict
cappitaine. Ce faict marchafmes plus oultre :
& enuiron demye lieue de là, commécafmes
à trouuer les terres labourees & belles grandes champaignes plaines de bledz de leur terre, qui eft comme mil de brefil, auffy gros ou
plus que poix, dequoy viuent ainfi, comme
nous faifons de fourment : & au parmy d'i-
celles champaignes eft fituee la ville de Hochelaga, pres & ioignant vne montaigne qui
eft à lentour d'icelle, labourée & fort fertile :
de deffus laq̃lle on veoit fort loing. Nous nōmafmes la dicte montaigne le mont Royal.
La dicte ville eft toute ronde, & clofe de boys
à trois rencqs, en facon d'une piramide, croi-
fée par le hault, ayant la rengée du parmy en
facon de ligne perpendiculaire : puis rengée
de boys couchez de long, bien ioinctz & cou-
fus à leur mode : Et eft de haulteurs enuiron
deux lances, n'y a en icelle ville q̃ vne porte
& entrée, qui ferme à barres. Sur laquelle &

en plusieurs endroictz de ladicte cloiture, y a manieres de galleries, & eschelles à y monter qui sont garnis de roches & chaillouz. Pour la garde & deffence d'icelle, il y a dedans icelle ville, enuiron cinquante maisons longues d'enuiron cinquante pas ou plus chascune, & douze ou quinze pas de large, & toutes faictes de boys couuertes & garnyes de grandes escorces & pelleures desdictz boys aussy large q̃ tables, bien cousus artificiellemẽt selon leur mode : & par dedans icelles y a plusieurs estres & chambres : Et au meilleu d'icelles maisons y a vne grāde place par terre ou font leur feu, y viuent en communaulté, puis se retirẽt en leur dictes chambres les hommes auecques leurs femmes & enfans. Pareillement ilz ont grenyers au hault de leurs maisons, ou ilz mettent leur bled dequoy font leur pain, qu'ilz appellent Carraconny, Et le font en la sorte cy apres : Ilz ont des pilles de boys comme à piller chanure, & baltent auec pillons de boys le dict bled en pouldre, puis le masfent en paste, & en font tourteaulx qu'ilz metent sur vne pierre large qui est chaulde, puis le couurẽt de cailloudz chauldz. Et ainsi cuysent leur pain en lieu de four. Ilz font pareillement force potaiges dudict bled & de febues, & poix, desquelz ilz ont assez & aussy

groffes concombres & aultres fruictz. Ilz ont
de grandz vaiffeaulx cōme thonnes en leurs
maifons ou ilz mettent leur poiffon, lequel
ilz fechent à la fumée durant l'efté, & en vi
uent l'yuer : Et de ce font grant amas comme
auons veu par experiéce. Tout leur viure eft
fans aucun gouft de fel : Et couchent fur efcor
ces de boys eftandues fur la terre auec mef-
chantes peaulx de beftes fauuaiges, dequoy
font leur veftemét & couuerture. La pl' precieufe chose qu'ilz ayét en ce mōde, eft Efur
gny, lequel eft blanc comme neif, & le prennent audit fleuue en cornibotz en la maniere qui enfuyt. Quand vng homme a deffer-
ui mort, ou qu'ilz ont prins aucuns ennemys
à la guerre ilz le tuent, puis l'incifent par les
feffens, cuyffes, & efpaulles à grandes taillades
puis au lieu ou eft ledict Efurgny, auallent
ledict corps au fond de l'eaue & le laiffent dix
ou douze heures, puis le retirent à mont &
treuuent dedās lefdictes taillades & incifeu-
res lefdictz cornibotz, defq̄lz ilz font manie-
tes de patenoftres, & de ce vfent cōme nous
faifons d'or & d'argent, & le tiennent la plus
precieufe chofe du monde. Il a vertu d'eftan-
cher le fang des nazilles : car nous l'auons ex-
perimenté. Tout cedict peuple ne s'adonne
que à labourage & pefcherie pour viure : Car

des biens de ce monde n'en font cōpte, parce qu'ilz n'en ont congnoiſſance, & qu'ilz ne bougent de leur pais, & ne font ambulataires cōme ceulx de Canada, & du Saguenay, non-obſtant que leſdictz Canadiens leur ſoyent ſubgectz auec huict ou neuf autres peuples, qui ſont ſur ledict fleuue.

℄ *Comment nous arriuaſmes à ladicte uille, & de la reception que nous y fut faicte, & comment le cappitaine leur feiſt des pre-ſens : & aultres choſes comme ſera ueu en ce chapitre.*

Pres que feuſmes arriuez au pres d'icelle ville, ſe rendirent au de-uant de nous grand nombre des habitans d'icelle, qui à leur facon de faire nous feirent bon racueil : & par noz guydes & conducteurs feuſmes menez au meilleu d'icelle ville, ou il y a vne place entre les maiſons, ſpacieuſe d'vng gect de pierre en carré ou enuiron : leſquelz nous feirēt ſigne que nous arreſtions audict lieu. Et tout ſoudain ſ'aſſemblerēt les filles & fem-mes de ladicte ville, dont l'une partye eſtoiēt chargez d'enfans entre leur bras, & qui nous vindrent frotter le viſaige, bras & autres en-droictz de deſſus le corps ou ilz pouoient

D

toucher, pleurant de ioye de nous veoir, en nous faifant la meilleure chere qu'il leur eftoit pofsible, nous faifans fignes qu'il nous pleuft toucher à leurfdictz enfans. Apres lefquelles chofes les hommes feirent retirer les femmes, & fe affirent fur la terre à lentour de nous, comme fy euffions voulu iouer vng myftere. Et tout foudain reuindrét plufieurs femmes, qui apporterent chafcun vne natte carrée en façon de tapifferie : Et les eftendi rent fur la terre au milleu de ladicte place, & nous feirét mettre fur icelles, Apres lefquelles chofes ainfy faictes, fut apportée par neuf ou dix hommes le Roy & feigneur du pays qu'ils appellent en leur langaige Agouhanna, lequel eftoit affis fur une grande peau de Cerf, & le vindrent pofer dedans ladicte place fur lefdictes nattes au pres de noftre cappitaine, nous faifant figne que ceftoit leur Roy & feigneur. Ceftuy Agouhāna eftoit de l'aage enuiron cinquāte ans, & n'eftoit point myeulx accouftré que les aultres, fors qu'il auoit à lencontre de fa tefte, vne maniere de lyfiere rouge pour fa couronne, faicte de poil de Heriffons. Et eftoit celluy feigneur tout percluz de fes mébres. Apres qu'ilz euft faict fon figne de falut audict cappitaine & à fes gens, leurs faifant fignes euidens, qu'ilz feuf-

sent les tres bien venuz : Il montra ses bras
& jambes audict cappitaine, luy faisant signe qu'il luy pleust les toucher : lequel cappitaine les frota auecques les mains. Et lors ledict Agouhanna print la lysiere & couronne
qu'il auoit sur sa teste, & la donna a nostre
cappitaine. Et tout incontinent furent ame-
nez audict cappitaine plusieurs malades, comme aueugles, borgnes, boisteulx, impotens, &
gés sy tresuieulx, que les paupieres des yeulx
leur pendoyent iusques sur les ioues : les seant
& couchant au pres de nostre dict cappitaine, pour les toucher : Tellement qu'il sem-
bloit que Dieu feust la descendu pour les
guerir.

Nostre dict cappitaine uoyant la pitié &
foy de cedict peuple, dist l'euangile Sainct
Iehā : scavoir l'imprincipio, faisant le signe de
la croix sur les poures malades, priant Dieu
qu'il leur donnast congnoissance de nostre
saīcte foy, & grace de recouurer chrestiété &
baptesme. Puis le dict cappitaine print vne
paires d'heures & tout haultement leut de
mot à mot la passion de nostre seigneur. Sy
que tous les assistans le peurent ouyr, ou
tout ce pauure peuple feirent vne grand si-
lence & feurent merueilleusement bien en-
tendibles, regardans le ciel & faisans pareilles

cerimonyes qu'ilz nous veoient faire. Apres
laquelle feift le cappitaine renger tous les hõmes d'ung cofte, les femmes d'ung autre, &
les enfans d'aultre, & donna aux principaulx
des hachotz, es aultres des couteaulx & es
femmes des patenoftres, & autres menues be
fongnes puis gecta parmy la place entre les
petis enfans des petites bagues, & agnus dei
d'eftain, dequoy menerent vne merueilleufe
ioye. Ce faict ledict cappitaine cõmanda fon
ner les trompettes & aultres inftrumens de
mufique : defquelz ledict peuple fut fort ref-
iouy. Apres lefquelles chofes nous prinfmes
congié d'eulx & no⁹ retirafmes, voyant ce les
femmes fe mirent au deuant de nous pour
nous arrefter, & nous apportoient de leurs
viures, qu'ilz nous auoient appreftez, Cõme
poiffon, potages, febues & autres chofes pour
nous cuyder faire repaiftre & difner audict
lieu : & pource que leurs viures n'eftoiét à noftre gouft, & qu'il n'y auoit aucune faueur,
les remerciafmes, leur faifant figne que n'a-
uions befoing de manger.
    Apres que nous feufmes yffuz de ladicte
ville, plufieurs hommes & femmes nous vindrent cõduyre fur la montaigne cy deuãt dicte, qui eft par nous nommée, Mont royal, diftant dud˙ lieu d'ung quart de lieues. Et nous

eſtans ſur icelle montaigne euſmes veue &
cõgnoiſſance de plus de trente lieues à lenui-
ron d'icelle : y a vers le Nort, vne rengée de
montaignes, qui ſont Eſt & Onaiſt, giſantes,
& autant devers le Su. Entre leſquelles montaignes eſt la terre la plus belle qu'il eſt poſſible de veoir, vnye, plaine, & labourable : &
par le meilleu deſdictes terres voyons le dict
fleuue oultre le lieu ou eſtoient demourees
noz barques : auquel va vng ſault d'aue le plus
impetueulx qu'il eſt poſſible de veoir : lequel
ne nous fut poſſible paſſer, tant que l'on pouoit regarder grãd, large, & ſpacieulx. qui alloit au Sur Onaiſt : & paſſoit aupres de trois
belles montaignes rondes, que nous voyons,
& eſtimyons qu'elles eſtoiét enuiron quinze
lieues de nous : & nous fut dict & mõſtre par
ſignes par noſdictz trois hommes du pais qui
nous auoiét conduict, qu'il y auoit trois telz
ſaulx d'aue audict fleuue, comme celuy ou e-
ſtoient noſd⁻ barques. mais nous ne peuſmes
entédre quelle diſtãce il'y auoit entre l'un &
l'autre par faulte de langue : puis nous mon-
ſtroiét par ſignes que leſdiz ſaulx paſſez. l'on
pouuoit nauiguer, plus de trois liues par
ledict fleuue. Et oultre nous mõſtroient que
le long deſdictes montaïgnes eſtant vers le
Nort, y a vne grande riuiere, qui deſcend de

l'occident comme ledict fleuue : Nous eftimions que c'eft la riuiere qui paffe par le royaulme du Saguenay, & fans que leur feiffions aucune demande & fignes, prindrent la chaine du fifflet du cappitaine qui eftoit d'argent, & vng manche de poignard, lequel eftoit de laton iaulne comme or : lequel pendoit au cofté de l'ung de noz compaignons marinyers, & montrerent que cela venoit d'amond ledict fleuue, & qu'il y a des Agouionda, qui eft à dire mauuaifes gens : lefquelz font armez iufques fur les doigtz, nous monftrãt la façon de leur armeures, qui font de cordes & de boys, laffez & tiffues enfemble, nous donnant à entédre que lefdictz Agouionda menoient la guerre continuelle, les vngs contre les autres : mais par deffaulte de langue ne peufmes auoir congnoiffance combien il y auoit iufques audict pays. Noftre cappitaine leur monftra du cuyure rouge, qu'ilz appellent caignetdaze, leur monftrant vers ledict lieu, demandant par figne f'il venoit de là & ilz commencerent à fecourre la tefte difant que non. Et monftrerent qu'il venoit du Saguenay, qui eft au contraire du precedent : Apres lefquelles chofes ainfi veues & entendues, nous retirafmes à noz barques, qui ne fut fans auoir conduicte de grand nõbre dudict peuple. Dont partie d'eulx quand veoyent noz gens las, les chargeoient sur eulx côme sur cheuaulx, & les portoient : Et nous arriuez à nosdictes barques seismes voylle pour retourner à nostre gallyon, pour doubte qu'il n'eust aucun encombrier. Lequel partement ne feust sans grand regret dudict peuple : Car tant qu'ilz nous peurent suyure aual ledict fleuue, ilz nous suyuirent, & tant seismes que nos arriuasmes à nostredict gallyon le lundy quatriesme iour d'octobre.

Le Mardy. 5. iour dudict moys, nous seismes voylle & appareillasmes auec nostre dict gallyon, & barques pour retourner à la prouince de Canada au port de saincte Croix, ou estoient demourez nosd· nauires. Et le 7. iour nous vinsmes poser le trauers d'une riuière qui vient deuers le Nort, sortant audict fleuue : à l'entrée de laquelle y a quatre petites ysles plaines d'arbres : nous nômasmes icelle riuiere la riuiere du Fouez. Et pource q̄ l'une d'icelles ysles s'auāce audict fleuue, & la veoit on de loing, feist le cappitaine plāter vne belle grande croix sur la poincte d'icelle, & commanda apprester les barques pour aller auec marée, dedās icelle, pour veoir la nature d'icelle : ce qu'il fut faict, & nagerent celuy iour amond lad· riuiere. Et parce qu'elle fut trou-

uée de nulle experience n'y perſonde, retournerent & appareillaſmes pour aller aual.

❡ *Comment nous arriuaſmes audict hable de
ſaincte Croix, & l'ordre côme nous trouuaſmes noz nauires, & comme le ſeigneur
du pays ueint ueoir noſtre cappitaine, &
comme le dict cappitaine l'alla ueoir, &
partie de leur couſtume en particulier.*

E lundy vnzieſme iour d'Octobre
nous arriuaſmes audict hable ſaincte
Croix ou eſtoient noz nauires, &
trouuaſmes que les maiſtres & mariniers qui
eſtoient demourez, auoiét faict vng fort dauant leſdictes nauires, tout cloz de groſſes
pieces de boys, plantez debout ioignans les
vnes & autres : & tout à lentour garny d'artillerie, & bien en ordre pour ſoy deffendre cô-
tre toute la puiſſance du pais. Et tout incontinent que le ſeigneur du pais fut aduerty de
noſtre venue, veint le lendemain douzieſme
iour dudict moys, accompaigne de Taignoagny, Dom agaya & pluſieurs autres : leſquelz
feirent une merueilleuſe feſte à noſtre cappitaine, faignans auoir grand ioye de noſtre
venue : lequel leur feiſt aſſez bon racueil. toutes foys qu'ilz ne l'auoiét pas deſſerui. Ledict

29

Donnacona pria noftre cappitaine de aller le lendemain veoir Canada, Ce que luy promift le dict cappitaine. Et le lédemain, 13. iour du dict moys, ledict cappitaine auecques fes gentilz hommes accompaigne de cinquante compaignons bien en ordre, allerét veoir ledict Donnacona & fon peuple, qui eft diftāt dou eftoient lefdictes nauires d'une lieue : & fe nōme leur demourāce Stadacone, Et nous arriuez audict lieu, vindrent les habitans au deuant de nous loing de leurs maifons d'ung geᴄt de pierre ou mieulx. Et la fe régerent, & affirét à leur mode, & facon de faire : les hommes d'une part, & les femmes de l'autre debout chantant & danfant fans ceffe, Et apres qu'ilz s'entre furent faluez & faict chere les vngs aux aultres, ledict cappitaine donna aux hommes des coufteaulx & autres chofes de peu de valleur, & feift paffer toutes les femmes & filles par deuant luy, & leur donna à chafcun vne bague de eftain. Dequoy remercierent le dict cappitaine, lequel fut par ledict Donnacona & Taignoaguy mené veoir leurs maifons, les quelles eftoiét bié eftaurez de viures felō leur forte. pour paffer leur yues, & nous fut par ledict Donnacona monftré les peaulx de cinq teftes d'homme, eftandues fur du boys, cōme paulx de p̄chemin. Lequel Dōnacona nous dist que c'estoient des Trudamans deuers le Su, que leur menoiët continuellemét la guerre, & nous fut dict qu'il y a eu deux ans passez que les dictz Trudamans les vindrent assaillir iusques dedãs ledict fleuue, à vne ysle qui est le trauers du Saguenay, ou ilz estoiét a passer la nuict tendãs aller à Honguedo leur mener guerre, auec enuiron deux cens psonnes tant hommes femmes qu'enfans. Lesquelz furent surprins en dormant dedans vng fort, qu'ilz auoiët faict, ou misrent lesdictz Trudamans le feu tout à l'entour & comme ilz sortoient les tuerent tous, reserué cinq qui eschapperent. De laquelle destrousse se plaignoiét encores fort, nous monstrant qu'ilz en auroiét végeance. Apres lesquelles choses, nous reterasmes à noz nauires.

⊂ *De la façon de uiure du peuple de la dicte terre, & de certaines conditions creance & façon de faire qu'ilz ont.*

Edict peuple n'a aucune creãce de Dieu, car ilz croient a vng qu'ilz appellent Cudragny, & disent qu'ilz parlent souuent à eulx, & leur dict le temps qu'il doibt faire. Ilz disent aussi quand il se cou-

rouce à eulx, qu'il leur gecte de la terre aux
yeulx. Ilz croyent auffi que quād ilz trefpaf-
fent, qu'ilz vont es eftoilles, puis viennent
baiffans en lorrizon comme les dictes eftoilles. Et s'enuont en beaulx champs, vers plains
de beaulx arbres, fleurs, & fruictz fumptueux.
Apres qu'ilz nous eurét dōné le tout a entē-
dre, nous leur auons remonftré leur erreur, &
dict que leur Cudragny eft vng mauuais efperit, qui les abufe & dict qu'il n'eft que vng
Dieu, q̃ eft au ciel, leql nous dōne toutes chofes neceffaires, & eft createur de toutes chofes
& q̃ ceftuy debuōs croire feulemét, & qu'il
fault eftre baptifez, ou aller en enfer, & leur
feuft remonftré plufieurs aultres chofes de noftre foy. Ce que facilemét ilz ont creu, & ap-
pellé leur Cudragny, Agouionda, tellemét q̃
plufieurs fois ont prié noftre cappitaine les
faire baptifer, & y font venuz ledict feigneur
Taignoagny, Dom agaya, & tout le peuple de
leur ville pour le cuyder eftre: mais par ce que
ne fcauiōs leur intétiō & couraige, & qu'il n'y
auoit q̃ leur remōftrāt la foy pour lors, feuft
prins excufe vers eulx. Et dict à Taignoagny
& Dom agaya, qu'ilz leur feiffét entédre q̃ re-
tourneryōs vng aultre voyage, & apporterōs
des preftres & du crefme, leur dōnāt a entédre
pour excufe, q̃ lon ne peult haptifer fās ledict

crefme, Ce qui croient, par ce que plufieurs
enfans ont veu baptifer en Bretaigne. Et de
la promeffe que leur fuft faicte de retourner
furent trefioyeulx.

Cedict peuple vit en cōmunaulté de biens
affez de la forte des Brifilās, & font veftus de
peaulx de beftes fauuaiges, & affez pouremēt.
L'yuer ilz fōt chaulfiez de chauffes & foulliez
qu'ilz font de peaulx : & l'efté vōt nudz piedz.
Ilz gardēt l'ordre de mariage, fors qu'ilz pré-
nēt deux ou trois femmes, & depuis que leur
mary eft mort iamais ne fe remariēt, ains fōt
le dueil de la dicte mort toute leur vie, & fe
taignēt le vifaige de charbon pellé, & de gref-
fe efpez comme l'efpeffeur du doz d'ung cou-
fteau , & a cela congnoift on que elles font
veufues.

Ilz ont vne aultre couftume fort mauuai-
fe de leurs filles, car depuis qu'elles font d'aage d'aller à l'hōme, elles font toutes mifes en
vne maifon de bordeau, habādonnées à tout
le monde qui en veult, iufques à ce que elles
ayent trouué leur party. Et tout ce auōs veu
par experience, car nous auons veu les maifons plaines des dictes filles, cōme eft vne ef-
chole de garfons en France. Et d'auantaige le
hazard felō leur mode tient efdictes maifons
ou ilz iouent tout ce qu'ilz ont iufques à la

couuerture de leur nature.

Ilz ne font point de grand trauail. & labour
ent leur terre auec petis boys, comme de la
grandeur d'une demye efpée, ou ilz font leur
bled, qu'ilz appellent Ofizy. Lequel eft gros
côme poix, & de ce mefme en croift affez au
brefil. Pareillemét ilz on grand quantité de
gros melons, concombres, & courges, poix, &
febues, & de toutes couleurs, non de la forte
des noftres. Ilz ont auffi une herbe de quoy
ilz font grand amaftz l'efté durand pour l'y-
uer. Laquelle ilz eftiment fort & en vfent les
hommes feulement en facon que enfuit. Ilz
la font feicher au foleil, & la portét à leur col
envne petite peau de befte eu lieu de fac, auec
vng cornet de pierre ou de boys : puis à toute heure font pouldre de ladicte herbe, & la
mettét en l'ung des boutz dudict cornet, puis
mettent vng charbon de feu deffus, & fuffent
par l'autre bout, tant qu'ilz s'emplét le corps
de fumée, tellement qu'elle leur fort par la
bouche, & par les nazilles, côe par vng tuyau
de cheminée : & difent que cela les tient fains
& chauldement, & ne vont iamais fans auoir
fefdictes chofes. Nous auons efprouué ladicte fumée, apres laquelle auoir mis dedãs noftre bouche, femble y auoir mis de la pouldre
de poyure tãt eft chaulde. Les femmes dudict

pays trauaillent fans comparaifon plus que les hommes, tant à la pefcherie de quoy font grand faict, qu'au labeur & aultres chofes Et font tãt hommes femmes qu'enfans plus durs que beftes au froid. Car de la plus grand froidure que ayons veu, laquelle eftoit mer-ueilleufe & afpre venoient par deffus les gla-ces & neiges tous les iours à noz nauires, la plufpart d'eulx tous nudz, qui eft chofe fort a croire qui ne la veu. Ilz prennent durand lefdictes glaces & neiges, grand quantité de beftes fauuaiges comme dains, cerfz, hours, lieures, martres, regnardz & aultres. Ilz men gent leur chair toute creue, apres auoir efté feichée à la fumée, & pareillement leur poif-fon. A ce que nous auons veu & peu enten-dre de cedit peuple, me féble qu'il feroit aifé à dompter. Dieu par fa faincte miféricorde y vueille mettre fon regard. Amen.

℃ *De la grãdeur & parfõdeur dudict fleuue, & des beftes, oyfeaulx, poiffons, & aultres cho-fes que y auons veu, & la fituation des lieux.*

Edict fleuue commence paffé l'yfle d'affumptiõ le trauers des haul tes mõtaignes de Hõguedo & des

sept ylles. Et y a de distance en trauersie enuiron trente cinq ou quarante lieues, & y a au
parmy plus de deux cens brasses de parfond
le plus seur a nauiger est du costé deuers le Su
& deuers le Nort, scauoir es dictes sept ylles
y a d'vng costé & d'aultre enuiron sept lieues
loing desdictes ylles deux grosses riuieres qui
descendent des montz de Saguegnay, lesquel
les font plusieurs barcqs à la mer fort dāge-
reux. A l'entrée desdictes riuieres auons veu
plusieurs ballaynes & cheuaulz de mer.

Le trauers desdictes sept ylles, y a une petite riuiere q̃ va trois ou quatre lieues à la terre par dessus des marestz : en laquelle y a vng
merueilleux nombre de tous oyseaulx de riuiere : depuis le commécement dudict fleuue
iusq̃s à Hochelaga, y a trois cēs lieues & plus,
& est le commencement d'icelluy à la riuiere
q̃ viēt du Saguenay : laq̃lle sort dentre haultes
mōtaignes, & entre dedās ledict fleuue au par
auāt q̃ arriue à la p̄uince de Canada, de la bā-
de deuers le Nort, Et est icelle riuiere fort
parfōde, estroicte, & fort dāgereuse a nauiger.

Apres ladicte riuiere est la prouince de Canada, ou il y a plusieurs peuples par villages
nō cloz. Il y a aussi es enuirōs dudict Canada
dedās le dict fleuue plusieurs ylles tāt grādes q̃
petites, & entre autres en y a vne qui cōtient

plus de dix lieues de long : laquelle eſt plaine de beaulx arbres & haultz. Et auſſi en icelle y a force vignes. Il y a paſſaige des deux coſtez d'icelle. Le meilleur & plus ſeur eſt du coſté deuers le Su. Et au bort d'icelle yſle vers l'Onaiſt, y a vng affoug d'eaues, lequel eſt fort beau & delectable pour mettre nauires, ou il y a vng deſtroict dudict fleuue fort courant & parfond : mais il n'a de long que enuiron vng tiers de lieue : le trauers duquel y a une terre double de bonne haulteur toute labourée, auſſi bonne terre comme iamais hōme veiſt & la eſt la ville & demourance de Donnacona, & de noz deux hommes qui auoient eſté prins le premier voyage, laquelle demourāce ſe nōme Stadacone, & auparauāt que arriuer audict lieu, y a quatre peuples de demourance, ſcauoir Araſte, Starnatau, Tailla, q̃ eſt ſur vne mōtaigne, & Scitadin, puis le dict lieu de Stadacone, ſoubz laquelle haulte terre vers le Nort, eſt la riuiere & hable de ſaicte croix auquel lieu auōs eſté depuis le. 15. iour de Septēbre, iuſques au. 6. iour de May. 1536. Auquel lieu les nauires demeurerent a ſec, cōme cy deuāt eſt dict paſſé ledict lieu & la demourance & peuple de Tequenondahi, qui eſt ſur vne mōtaigne & la ville de Hochelay, Lequel Hochelay eſt vng plain pays.

33

Toute la terre des deux coſtez dudiƈt fleuue iuſques à Hochelaga & oultre, eſt auſſi
belle terrè & unye que iamais homme regarda. Il y a aucunes montaignes aſſez loing dudiƈt fleuue que on veoit par ſus leſdiƈtes terres, deſquelles il deſcéd pluſieurs riuieres qui
entrent dedans lediƈt fleuue. Toute ceſte diƈte terre eſt couuerte & plaine de boys de pluſieurs ſortes & force vignes, excepté à lentour des peuples, laq̃lle ilz ont deſertée pour
faire leur demourance & labour. Il y a grand
nombre de cerfz. dains, hours, & aultres be-
ſtes. Il y a force liepures, connins, martres, regnardz, loueres, byeures, eſcureux, ratz, Leſquelz ſont gros à merueilles, & aultres ſau-
uaigiens. Ilz ſ'acouſtrent des peaulx des be-
ſtes, par ce qu'ilz n'ont nulz accouſtremens.
Il y a auſſi grand nombre d'oyſeaulx, ſcauoir
grues, ſignes, oltardes, oyes ſauuages. blan-
ches, & griſes, cannes, cannardz, merles, mauuis, teurtres, ramiers, chardonneaulx, turnis,
ſerins, linotes, rouſsignolz, paſſes ſolitaires
& autres oyſeaulx comme en France. Auſſi
comme par cy deuant es chapitres precedétz
eſt faiƈte mention, lediƈt fleuue eſt le plus ha-
bondant de poiſſons & de toutes ſortes qu'il
ſoit memoire auoir iamais veu ny ouy : car
depuis le commencement iuſques à la fin y

E

trouuerrez felon les faifons la plufpart des fortes & efpeffes de poiffōs de la mer & eaue doulce, vous trouuerrez iufques audiƈt Ca nada force ballaynes, marfouyns, cheuaulx de mer, adhothuys qui eft une forte de poiffon, duquel iamais n'auyons veu ny ouy parler. Ilz font gros comme marfouyns, blancs comme neigne, & ont le corps & la tefte come lepuriers, lefquelz fe tiennét entre la mer & l'eaue doulce qui cōmence entre la riuiere du Saguenay & Canada.

℃ *Chapitre d'aucuns enfeignemens que ceulx du pays nous ont donnez depuis eftre reuenuz de Hochelaga.*

Epuis eftre reuenuz de Hochelaga auec le gallyō, & les barques, auōs conuerfé allé & venu auec les peuples plus prochains de noz nauires en doulceur & amityé, fors que parfors auyōs quelques differédz auec aucuns mauuais garfons, dont les aultres eftoient fort marris & couroucez, & auons entendu par le feigneur Dōnacona & aultres, que la riuiere deuant diƈte eft nommée la riuiere du Saguenay, & va iufques audiƈt Saguenay, q̃ eft plus loing du cō-

mencement de plus d'une lieue de chemin
vers l'Onaiſt, Noronaiſt, & que paſſe huiſt
ou neuf iournées, elle n'eſt plus parfonde
que par baſteaulx : mais que le droiſt & bon
chemin dudiſt Saguenay eſt par le fleuue iuſques à Hochelaga, a une riuiere qui deſcend
dudiſt Saguenay, & entre audiſt fleuue, &
que de la ſont vne lieue a y aller, & nous
ont faiſt entendre que les gens ſont veſtuz
& habillez comme nous, & de draps, & qu'il
y a force villes & peuples, & bonnes gens
& qu'ilz ont grand quantité d'or & cuyure rouge, & que le tout de la terre depuis
ladiſte premiere riuiere iuſques à Hochelaga & Saguenay, eſt vne yſle, laquelle eſt
circuite & environnée dudiſt fleuue, & de
riuieres. Et que paſſé lediſt Saguenay va ladiſte riuiere entrent en deux ou trois grandz
lacz d'eaue, puis que on trouve vne mer doulce, de laquelle n'eſt métiõ auoir veu le bout,
a ce qu'ilz ont oy p̄ ceux du Saguenay : car il
nous ont diſt ny auoir eſté, oultre nous ont
dõné a entédre q̃ au lieu ou nous auiõns laiſſé
noſtre gallyon quãd feuſmes a Hochelaga, y a
vne riuiere q̃ vavers le Suronaiſt, ou ſéblable-
ment ſont vne lune a aller iuſques a vne terre où il y a iamais glaces, ny neiges, mais que

en ceste dicte terre y a guerres continuelles les vngs auec les aultres. Et que en icelle terre y a oranges, almandes, noix, pommes, & aultres fortes de fruictz & en grand habondance. Et nous ont dict les hommes & femmes d'icelle terre estre vestuz & accoustrez de peaulx comme eulx. Apres leur auoir demandé s'il y auoit de l'or & cuyure, nous ont dict que non. L'estime à leur dire ledict lieu estre vers la floride, à ce qu'ilz monstrent par leurs signes & marches.

☙ D'une grosse maladie qui a esté au peuple de Stadacone, de laquelle pour les auoir frequentez en auons esté imbouez, tellement qu'il es mort de noz gens iusques au nombre de uingt cinq.

AV moys de Decembre feusmes aduertis que la mortalité s'estoit mise au peuple de Stadacone, tellement que ia en estoient mors par leur confession plus de cinquante. Au moyen de quoy leur deffendismes nostre fort, & ne venir entour nous : mais nonobstant les auoir chassez commenca la maladie entour nous d'une merueilleuse forte, & la plus incongneue : car les vngs perdoient la substance, & de leur deue-

noient les iābes grofles & enflez & les nerfz
retirez & noirciz comme charbon, & à aucũs
toutes femées de gouttes de fang cōme pour
pre : puis montoit ladiƈte maladie aux han-
ches, cuifles & efpaulles , aux bras & au col.
Et a tout uenoit la bouche fi infeƈte & pour-
rye par les genfyues, que tout la chair en tũ-
boit iufques à la racine des dentz, lefquelles
tumboient pres que toutes. Et tellement fe
efprit la diƈte maladie à noz trois nauires, que
à la my Feburier de cent dix hōmes que nous
eftions il n'y en auoit pas dix fains, en forte que l'ung ne pouoit fecourir l'aultre qui
eftoit chofe piteufe à veoir, confideré le lieu
ou nous eftions. Car les gens du pays venoiét
tous le iours deuant noftre fort, qui peu de
gens veoyent, & ia y en auoit huiƈt de mors
& plus de cinquante, en qui on ne efperoit
plus de vie.

Noftre cappitaine voyant la pitié & maladie ainfi efmeue, feift mettre le monde en
prieres & oraifons & feift porter vng ymage en remembrance de la Vierge Marie contre vng arbre diftāt de noftre fort d'ũg traiƈt
d'arc les trauers des neiges & glaces. Et or-
donna que le diméche en fuyuant l'on diroit
audiƈt lieu la mefle. Et q̄ tous ceulx qui pour
roient cheminer tāt fains que malades yroiét

à la procession chantant les sept pseaulmes de Dauid, auec la letanie, en priāt ladicte vierge qu'il luy pleust prier son cher enfāt qu'il eust pitié de nous. La messe dicte & celebrée deuant ledict ymage, se feist le cappitaine pelerin à nostre dame de Roquemado promettāt y aller si Dieu luy donnoit grace de retourner en France. Celuy iour trespassa Philippes Rougemont natif d'Amboise, de l'aage de enuiron vingt deux ans.

Et pour ce que la maladie nous estoit incōgneue, feist le cappitaine ouurir le corps pour veoir si aurions congnoissance d'icelle pour preseruer si possible estoit, le persus. Et feust trouué qu'il auoit le coeur blanc & fletry enuironé de plus d'ung pot d'eaue rousse cōme dacte, le foye beau, mais auoit le poulmon tout noircy & mortifié, & s'estoit retiré tout son sang au dessus de son coeur. Car quand il fut ouuert sortist au dessus du coeur grād habōdāce de sang noir infect. Pareillement auoit la ratte par deuers l'eschine vng peu entamée enuirō deux doidz, cōe si elle euct esté frotée sur vne pierre rude. Apres cela veu, luy feust ouuerte & incise vne cuisse, laq̄lle estoit fort noyre par dehors, mais dedans la chair fut trouuée assez belle. Ce faict, fut inhumé à mieulx que lon peust. Dieu par sa saincte grace pardonne à ſon âme, & à tous treſpaſſez, Amen.

Et depuis de iour en aultre s'eſt tellement continuée ladicte maladie, que telle heure a eſte, que par tous les trois nauires ny auoit pas trois hommes ſains, de ſorte qu'en l'ung deſdictz nauires n'y auoit hōme qui euſt peu deſcendre ſoubz le tillac pour tirer à boire, tant pour luy que pour ſon compaignon. Et pour l'heure y en auoit ia pluſieurs de mortz. Leſquelz il nous conuint mettre par foibleſ-ſe ſoubz les neiges : car il ne nous eſtoit poſ-ſible de pouoir pour lors ouurir la terre qui eſtoit gellée tant eſtions foibles, & auyons peu de puiſſance. Et ſi eſtions en vne crain-te merueilleuſe des gens du pays qu'ilz ne ſe apperceuſſent de noſtre pitié & foibleſſe. Et pour couurir ladicte maladie lors qu'ilz venoient pres noſtre fort noſtre cappitai-ne que Dieu a touſiours preſeruè, debout ſortoit au deuant d'eulx auec deux ou trois hommes, tāt ſains que malades. Leſquelz fai-ſoit ſortir apres luy. Et lors qu'il les voyoit hors du fort, faiſoit ſēblāt les vouloir battre en criāt & leur gectāt baſtōs apres eulx, les en-uoyāt à bort mōſtrāt par ſignes eſdictz ſauua-ges qu'il faiſoit beſōgner to⁵ ſes gés dedās les

E iiii

nauires les vngs à gallefeſtrer, les aultres à faire du pain & aultres beſongnes, & qu'il ne eſtoit pas bon qu'ilz uinſent donner de hors. Ce qu'ilz croyent, & faiſoit ledict cappitaine battre & mener bruict eſdictz malades dedans les nauires auec baſtons & cailloufz faignans callefeſtrer. Et pour lors eſtiõs ſi eſprins de ladicte maladie, q̃ auions quaſi perdu l'eſperance de iamais retourner en Frãce ſi Dieu par ſa bonté infinie & miſericorde ne nous euſt regardé en pitié, & donné congnoiſſance d'ung remede contre toutes maladies le plus excellent qui fut iamais veu ny trouué ſur la terre, ainſi qu'il ſera faict mention en ce chapitre.

⫶ *Le nombre du temps que nous auons eſté au hable ſaincte Croix & places dedans les glaces & neiges, & le nombre des gens decedez depuis le commencement de la maladie iuſques à la my Mars.*

Epuis la my Nouembre iuſques au quinzieſme iour d'Apuril, auons eſté continuellement enfermez dedans les glaces, leſquelles auoient plus de deux braſſes d'eſpeſſeur. Et deſſus la terre auoit la haulteur de quatre piedz de neiges & plus, tellement qu'elle eſtoit plus haulte que les bortz de noz nauires : leſquel les ont duré iuſques audict téps, en ſorte que noz breuuages eſtoiét tous gellez dedans les fuſtailles, Et par dedãs noſdictes nauires tant de bas que de hault, eſtoit la glace contre les bortz a quatre doigtz d'eſpeſſeur. Et eſtoit tout le dict fleuue, par autant que l'eaue doulce en contenoit iuſques au deſſus dudict Hochelaga gellé : durant lequel temps nous deceda iuſques au nombre de vingt cinq perſonnes des principaulx & bons cõpaignons que nous euſſiõs : Et pour l'heure y en auoit plus de cinquante, en qui on eſperoit plus de vie & le parſus tous malades que nul n'en eſtoit exempté, excepté trois ou quatre : Mais dieu par ſa ſaincte grace nous regarda en pitié : & nous enuoya la congnoiſſance & remede de noſtre guariſon & ſanté, de la ſorte & maniere qu'il ſera deuiſé en ce chapitre.

ℭ *Comment par la grace de dieu nous euſmes congnoiſſance de la ſorte d'ung arbre, par lequel nous auõs eſté guariʒ apres auoir uſé dudict arbre, & la façon d'en uſer.*

Ng iour noſtre cappitaine voyāt la maladie ſi eſmeue & ſes gens ſi fort eſprins d'icelle, eſtant ſorty dehors du fort, Et ſoy promenant ſur la glace, apperceuſt venir vne bende de gens de Stadacone, en laquelle eſtoit Dom agaya, lequel le cappitaine auoit veu dix ou douze iours auparauant fort malade de ladicte maladie que auoiēt ſes gens. Car il auoit l'une des iambes par le genoul auſſy groſſe qu'vng enfant de deux ans. Et tout les nerfz d'icelle retirez : les dētz perdues & gaſtees, & les genſiues pourries & infectées.

Le cappitaine voyant ledict Dom agaya ſain & deliberé, feuſt ioyeulx eſperāt par luy ſcauoir comme il eſtoit guary : Affin de donner ordre & ſecours à ſes gens. Lors qu'ilz furent arriuez pres le fort, le cappitaine luy demāda cōme il s'eſtoit guary de ſa maladie : lequel Dom agaya reſpondit qu'il auoit le ius & le marcq des fueilles d'ung arbre dont il s'eſtoit guary, & que c'ſtoit le ſingulier remede pour maladie. Ledict cappitaine luy demāda s'il y en auoit point la entour, & qu'il luy en monſtraſt pour guarir ſon ſeruiteur qui auoit prins ladicte maladie audict Canada, durāt qu'il demouroit auec Donnacona,

ne luy voulant declarer le nombre des compaignons qui eſtoient malades. Lors ledict
Dom Agaya envoya deux femmes pour en
querir : leſquelles en apporterent neuf ou dix
rameaulx, & nous mõſtrerent cõme il failloit
peller l'eſcorce & les fueilles dudict boys, &
mettre tout boullir en eaue, puis en boire de
deux iours l'un, & mettre le marcq ſur les iābes enflees & malades, & que de toute maladie ledict arbre gueriſſoit, ilz appellent ledict
arbre en leur langaige Ameda.

Toſt apres le cappitaine ſeiſt faire du breu-
uage pour faire boire es malades, deſquelz
n'y auoit nul d'eulx qui voulſiſt eſſayer ledict
bruuage, ſynon ung ou deux qui ſe miſrent
en aduenture d'icelluy aſſayer. Tout incontinent qu'ilz en eurent beu, ilz eurent l'aduantage qui ſe trouua eſtre vng vray & eui-
dent myracle. Car de toutes maladies dequoy ilz eſtoiét entachez, apres en auoir beu
deux ou trois foys, recouurerent ſanté &
guariſon : Tellement que tel y auoit deſdictz
compaignons qui auoit la groſſe verolle
cinq ou ſix ans au paruant ladicte maladie :
a eſté par icelle medecine curé nectement.
Apres ce auoir veu & congneu, y a eu telle
preſſe ladicte medecine, que on ſi vouloit
tuer, à qui premier en auroit. De ſorte que

vng arbre auſſi gros & auſſi grand que cheſ-
ne qui ſoit en France, a eſté employé en ſix
iours : lequel a faict telle operation, que ſi
tous les medecins de Louuain & de Montpel-
lyer y euſſent eſté auec toutes les drogues de
Alexandrie, ilz n'en euſſent pas tant faict en
vng an, que le dict arbre a faict en ſix iours :
Car il nous a tellement proffite, que tous
ceulx qui en ont voullu vſer, ont recouuert
ſanté & guariſon la grace à dieu.

¶ *Comment le ſeigneur Donacona accompai-*
gné de Taignoagny & pluſieurs aultres
faignans aller à la chaſſe aux Cerf & aux
Dains, furent deux moys ſans retourner.
Et à leur retour amenerent grand nombre
de gens. que n'auions accouſtumé de ueoir.

Vrant le temps que la maladie
& mortalité regnoit en noz
nauires, ſe partirent Doñacona, Taignoagny, & pluſieurs
autres, faignans aller prendre
des Cerfz & Dains : Leſquelz
ilz nomment en leur langaige Aiouneſta &
Aſquenoudo, parce que les neiges eſtoient
& que les glaces eſtoient ia rompues dedans
le cours du fleuue, tellement qu'ilz pouoient

nauiguer par icelluy. Et nous fut par Dom
Agaya & aultres dict, qu'ilz ne feroient que
enuiron quinze iours, ce que croyons, mais
furent deux moys fans retourner. Au moyen
dequoy eufmes fufpicion qu'ilz ne feuffent
aller amaffer grand nombre de gens pour
nous faire defplaifir, parce qu'ilz nous veoïet
fi affoibliz, nonobftant que auions mys fi
bon ordre à noftre faict, que fi toute la puif-
fance de leur terre y euft efté, ilz euffent
fceu faire autre chofe que nous regarder. Et
pendent le temps qu'ilz eftoient dehors, venoient tous les iours force gens a noz nauires, comme ilz auoyent de couftume, nous
apportant de la chair frefche de Cerfz &
Dains, poiffons fraiz de toutes fortes : Lefquelz ilz nous vendoient fort cher, ou au-
trement myeulx aymoient l'emporter, parce
qu'ilz auoyent neceffité de viures pour lors,
à caufe de l'yuer qui auoit efté long.

❡ *Comment Doñacona reuint à Stadacona auec*
grãd nombre de gens, & feift ledict Doña-
cona du malade de peur de uenir ueoir le cap-
pitaine, cuydant que ledict cappitaine allaft
uers luy.

E vingt & vngiefme iour dudict moys d'Auril, Dom Agaya vint à bort accōpagné de plufieurs gens lefquelz eftoiét beaulx & puiffans. Et n'auions accouftumé de les veoir : lefquelz dient, q̃ que le feigneur Donnacona feroit le lendemain venu : & qu'il apporteroit force cher de cerfz & autre venaifon. Et le lendemain vingt deuxifme iour dudict moys, vint le dict Donnacona, lequel admena en fa cōpaignie grand nombre de gens audict Stadacone, ne fcauiōs à quelle occafion, n'y pourquoy : mais on dict à vng prouerbe, qui de tout fe garde de aucuns eschappe. Ce que nous eftoit de neceffité : Car nous eftions fi affoibliz tant de maladie que de gens mors, qu'il nous a fal lu laiffer vng de noz nauires audict lieu de faincte Croix. Le cappitaine eftant aduerty de leur venue, & qu'ilz auoient admené tant de gens : & auffy que Dom Agaya le vint dire au cappitaine, fans vouloir paffer la riuiere qui feroit entre no^s & ledict Stadaconé : ains feift difficulté de paffer, Ce que n'auoit acouftumé de faire, qui nous donna doubte de trahifon. Voyāt ce, le cappitaine enuoya fon ferviteur accompaigné de Iehan poullet, lefquelz eftoient plus que nulz aultres aymez dudict peuple du pais, pour veoir que eftoit audict lieu, & qu'ilz faifoient, faignans les dictz poullet & feruiteur eftre aller veoir le- dict Donnacona, parce qu'ilz auoiét efté lon- guemét auec luy à leur ville, lefquelz luy por- terent aucun petit prefent. Et lors que ledict Donnacona fut aduerty de leur venue. feift le malade & fe couche : Apres allerent en la maifon de Taignoagny pour le veoir, ou par tout trouuerent les maifons fi plaines de gés, que on fi pouoit remuer : lefquelz on n'auoit accouftumé de veoir, & ne voulut permettre ledict Taignoagny que ledict feruiteur allaft es aultres maifons : ains les conuoya vers les nauires la moytié du chemin, & leur dict que fi le cappitaine luy vouloit faire ce plaifir de prendre vng feigneur du pays nommé A- gouña, lequel luy auoit faict defplaifir, & l'emmener en France qu'il feroit tenu à luy : Et feroit tout ce que vouldroit ledit cap- pitaine, & que ledict feruiteur retournaft le lendemain dire la refponce.

Quand le cappitaine fut aduerty du grand nombre de gens qui eftoyent audict lieu, ne fcauoit à quelle fin, fe deflibera leur iouer fineffe. Et prendre leur feigneur Taignoagny, Dom Agaya & des principaulx. Auffi qu'il eftoit bien defliberé de mener le dict fei- gneur en France pour cōpter & dire au Roy ce qu'il auoit veu es pais Accidentaulx, des merueilles du monde. Car il nous a certiffié auoir efté à la terre de Saguenay, en laqlle y a infini or, rubis & aultres richeffes. Et y font les homes blancs comme en France & accoutrez de dras de laynes. Plus dict auoir veu autre pays, ou les gens ne mengent poinct, & ne ont point de fondemét, & ne digerent point ains font feulement eaue par la verge. Plus dict auoir efté en autre pais de Picquemyans & autres pais, ou les gens n'ont que vne iambe. Et autres merueilles lõgues à racompter. Ledict feigneur eft homme ancien, & ne ceffa iamais d'aller par pais, depuis fa congnoiffance, tant par fleuues, riuieres que par terre.

Apres que lefdictz Poullet & feruiteur eurent faict leur meffage, & dift au cappitaine ce que ledict Taignoagny lui mandoit, renuoya ledict cappitaine fon dict feruiteur le lendemain dire audict Taignoagny qu'il le vint veoir, & luy dire ce qu'il vouloit, & qu'il luy feroit bonne chere & partie de fon vouloir. Ledict Taignoagny luy mãda qu'il viendroit le lendemain, & qu'il admeneroit le feigneur Doñacona & celuy qui luy auoit faict defplaifir, ce que ne feift : Ains fut deux iours fans venir, pendant lequel témps ne veint perfonne es nauires dudict Stadacone comme

auoient de couftume, mais nous fuyoient
comme fi les euffions voulu tuer. Lors apperceufmes leur mauuaiftié, Et parce qu'ilz
furent aduertiz que ceulx de Sicadin alloient
& venoient entour nous, & que leur auions
habandonné le fond du nauire que laiffions
pour auoir les viel cloud, vindrēt dudict Stadaconé le tiers iour enfuyuāt de l'autre bort
de la riuiere, & pafferent la plus grand partie
d'eulx en petis bafteaulx fans difficulté : mais
ledict Donnacona n'y voulut paffer. Et furent Taignoagny & Dom Agaya plus d'une
heure à parlementer enfemble, auāt que vouloir paffer. En fin ilz pafferent & vindrent
parler audict cappitaine, & pria ledict Taignoagny ledict cappitaine vouloir prendre &
emmener ledict hōme en France. Ce que ref-
fufa ledict cappitaine : difant que le Roy fon
maiftre luy auoit deffendu de non emmener
homme ni femme en France : mais bien deux
ou trois petis enfans pour apprendre le langaige, mais que voluntiers l'emmeneroit en
terre neufue, & qu'il le mettroit en yne yfle.
Ces parolles difoit ledict cappitaine pour les
affeurer, & acelle fin d'amener ledict feigneur
Dōnacona, lequel eftoit demeuré dela l'eaue
defquelles parolles fut fort ioyeulx led̄ Taignoagny, efperant ne retourner iamais en

F

France, & promiſt audict cappitaine de retourner le lendemain qui eſtoit le iour ſaincte Croix, & admener ledict ſeigneur Donnacona & tout le peuple dudict lieu.

℃ *Comment le iour ſaincte Croix, le cappi-*
taine feiſt planter une croix dedans noſtre
fort, & comment ledict ſeigneur Donna-
cona, Taignoagny, Dom Agaya & leur
bende uindrent, & de la prinſe dudict ſei-
gneur.

L E troiſieſme iour de May, iour
& feſte ſaincte Croix. pour la ſo-
lempnité de la feſte : le cappitaine feiſt planter vne belle croix
de la haulteur d'enuiron trente
cinq piedz, ſoubz le croiſillon de laquelle y
auoit vng eſcuſſon en boſſe des armes de Frãce : & ſur icelluy eſtoit eſcript en lettre atti-
que *Franciſcus primus Dei gratia Francorum*
rex regnat. Et celluy iour enuiron mydi vindrent pluſieurs gens de Stadacone, tant hommes, femmes, que enfans, qui nous dirent que
leur ſeigneur Dōnacona, Taignoagny, Dom
Agaya et aultres, qui eſtoient en ſa compai-
gnie venoient, dequoy feuſmes ioyeulx, eſpe

rant nous en faifir : lefquelz vindrent enuiron deux heures apres mydi. Et lors qu'ilz furent arriuez deuant noz nauires, noftre cappitai ne alla faluer ledict feigneur Donnacona, le quel pareillement luy feift grande chere, mais auoit toufiours l'oeil au boys, et vne crainéte merueilleufe. Toft apres arriua Taignoagny, lequel deift audiét feigneur Donnacona, qu'il n'entraft point dedans le fort. Lors fut par l'ung de leurs gens, apporté du feu hors du fort, & allumé par ledict feigneur. Noftre cappitaine le pria de venir boyre & manger dedans les nauires, comme auoit de couftume. Et femblablement en prya ledict Taignoagny, lequel dift que tantoft il entreroit : Ce qu'ilz feirent & entrerent dedans ledict fort : Mais au parauant auoit efté notre cappitaine aduerty par Dom Agaya, que ledict Taignoagny auoit mal parlé, & qu'il auoit dict au feigneur Donnacona qu'il n'entraft point dedans les nauires. Noftre dict cappitaine voyant ce, fortift hors du parc ou il eftoit, & veit q̃ les femmes s'en fuyoient par l'aduertiffemét dudict Taignoagny : & qu'il ne demouroit q̃ les hommes : les quelz eftoient en grãd nõbre. Et lors cõmanda led· cappitaine à fes gens prédre ledict feigneur Dõnacona, Taignoagny, Dom Agaya,

& de deux autres des principaulx qu'il monſtra, puis que on feiſt retirer les autres. Toſt apres ledict ſeigneur entra dedans le fort auec le dict cappitaine : mais tout ſoudain ledict Taignoagny veint pour le faire ſortir.

Noſtre cappitaine voyant qu'il n'y auoit autre ordre, ſe print à cryer que on les print : Auquel cry ſortirent les gens dudict cappitaine : leſquelz prinſdrent ledict ſeigneur & ceulx que l'on auoit deſliberé prendre. Leſdictz Canadians voyant la prinſe, commencerent à fuyr & courir, comme brebis deuant le loup : les vngs le trauers la riuière, les autres parmy le boys ſerchant chaſcun ſon aduantage. Ladicte prinſe faicte des deſſuſdictz & que les autres ſe furent retirez, furét mys en ſeure garde.

℃ *Comment les Canadians uindrent la nuict deuant les nauires, ſercher leurs gens : durant laquelle ilʒ hurloyent & cryoiēt comme Loups, & le parlement & concluſion qu'ilʒ feirent le lendemain, & des preſens qu'ils feirint à noſtre cappitaine.*

LA nuict veneue vindrent deuant noz nauires, la riuiere entre deux grand nombre du peuple dudict Donnacona huchant & hurlāt toute la nuict

comme Loups cryant sans cesse : Agouhanna
pensent parler à luy, ce que ne permist le cappitaine pour l'heure, n'y lendemain iusques
enuiron mydi : parquoy nous faisoient signe
que les auions tuez & penduz. Et enuiron
l'heure de mydi : retournerent de rechef en
aussi grand nombre qu'auions veu de voyage
pour vng coup : eulx tenans cachez dedans le
boys, fors aucuns d'eulx qui cryoient & ap-
pelloient à haulte voix ledict Donnacona.
Lors commanda le cappitaine faire monter
ledict Donnacona hault pour parler a eulx.
Et luy dist le cappitaine qu'il feist bōne che
re, & que apres avoir parlé au Roy de France
& compté ce qu'il auoit veu au Saguenay &
aultres qu'il reuiendroit dedans dix ou douze lunes : & que le Roy luy feroit vng grand
present : de quoy feust fort ioyeulx ledict Dōnacona, & le dist es autres en parlant à eulx
lesquelz en feirent trois merueilleux crys, en
signe de ioye. Et à l'heure feirent ledict peuple & Dōnacona entre eulx plusieurs predi-
cations & preschemés : lesquelz il n'est possible d'entendre par faulte de lāgue : nostre cappitaine dist audict Dōnacona qu'ilz vissent
seuremēt de l'autre bort pour mieulx parler
ensemble, & qu'ii les asseuroit, ce que leur
dist ledict Donnacona : & sur ce vindrent vne

barquée des principaulx à bort defdictes nauires. Lefquelz de rechief commencerent
plufieurs prefchemens, donnant louange audict cappitaine; & luy feirét prefent de vingt
quatre colliers de Efurgny, qui eft la plus
grand richeffe qu'ilz ayent en ce monde : Car
ilz l'eftiment plus que or & argent.

Apres qu'ilz eurent affez parlementé & de-
uife les vngs auec les aultres, & veu qu'il n'y
auoit remede audict feigneur d'efchapper
& qu'il failloit qu'il veint en France, il commanda que on luy apportaft le lendemain
viures pour menger par la mer. Noftre cap
pitaine feift prefent audict Donnacona de
deux paifles d'arain, & de huict hachotz, &
aultres menues befongnes côme coufteaulx,
& patenoftres. Dequoy fut fort ioyeulx en
fou femblant : Et les enuoya à fes femmes &
enfans : Pareillement donna ledict cappitai
ne à ceulx qui eftoyent venuz parler audict
Donnacona, aucuns petis prefens ; Dequoy
remercierent fort ledict cappitaine. A
tant fe retyrerent & s'en allerent à leurs
logis.

44

¶ *Comment le lendemain cinquiesme iour de May, ledict peuple retourna parler à leur seigneur, & comment il ueint quatre femmes à bort luy apporter des uiures.*

L E cinquiesme iour dudict moys au plus matin, ledict peuple retourna en grand nombre, pour parler à leur seigneur, & enuoyerent vne barque, qu'ilz appellent en leur langaige Casnouy, en laquelle ilz estoient quatre femmes, sans y auoir aucuns hōmes, pour doubte qu'ilz auoient qu'on ne les retint : lesquelles apporterent force viures, scauoir gros mil (qui est le bled duquel ilz viuent) chair, poisson, & aultres prouisions à leur mode. Lesquelles estre arriuees es nauires, le cappitaine leur feist bon recueil, & pria Donnacona audict cappitaine qu'il dist ausdictes femmes, que dedans douze lunes il retourne roit, & qu'il admeneroit ledict Donnacona a Canada : Ce disoit à celle fin de les contenter : Ce que feist ledict cappitaine, dont lesdictes femmes feirent grād semblant de ioye, en montrant par signes & parolles audict cappitaine, mais qu'il retournast & admenast ledict Donnacona qu'ilz luy feroiēt plusieurs preſens. Lors chaſcune dicelles donna audiſt cappitaine vng collier deſurgny, puis s'en allerent de l'autre bort de la riuiere ou eſtoit le peuple dudiſt Stadacone, & ſe retirerent prenant congié dudiſt ſeigneur.

Le ſamedy ſixieſme iour dud· moys, nous appareillaſmes du haure ſaiſte Croix, & vinſmes à l'yſle es Couldres, ou auons eſté iuſques au ſezieſme dudiſt moys, laiſſant amortir les eaues, leſquelles eſtoient trop courantes & dangereuſes pour aualler lediſt fleuue : & attendans bon temps. Pendent lequel téps vindrent pluſieurs barques des peuples ſubieſtz audiſt Donnacona leſquelz venoient de la riuiere du Saguenay : Et lors que par Dom Agaya furent aduertiz de la prinſe de eulx, & la facon & maniere comme on menoit Donnacona en France, furét bien eſtonnez, mais ne laiſſerent à venir le long des nauires, parler audiſt Donnacona, qui leur diſt que dedans douze lunes il retourneroit, & qu'il auoit bon traiſtement auec le cappitaine & compaignons, dequoy à une voix remercierét lediſt cappitaine, & dōnerent audiſt Donnacona trois pacquetz de peaulx de byeures & loups marins auec vng grād couſteau de cuyure rouge, qui viént du Saguenay. & autres choſes. Séblablemét dōnerét audiſt

cappitaine vng collier Defurgny, pour lefquelz prefens leur feift ledict cappitaine dōner dix ou douze hachotz, defquelz furent
fort contens & ioyeulx, & en remercierent
ledict cappitaine.

Le lendemain. 16. iour dudict moys de May
nous appareillafmes de ladicte yfle es couldres, & veinfmes pofer a une yfle qui eft a environ quinze lieues de ladicte yfle es couldres, laquelle eft grāde d'enuiron cinq lieues
de long, & la paffafmes celluy iour pour paffer la nuict, efperant le lendemain paffer les
dāgier du Saguenay, lefquelz font grandz. Le
foir feufmes à ladicte yfle, ou trouuafmes
grand nōbre de lieures, defquelz eufmes quā-
tité : & par ce la nōmafmes l'yfle es lieures. Et
la nuict le vent vint cōtraire & en tourmēte
tellemēt qu'il cōuint relacher à l'yfle es couldres dont eftions partis, par ce qu'il n'y auoit
autre paffage entre lefdictes yfles. Et y feufmes iufques au. 21. dudict moys que le vent
vint bon, & tāt feifmes par noz iournées que
paffafmes iufques a Honguedo, lequel paffa
ge n'auoit par cy deuant efté defcouuert. Et
feifmes courir le trauers du Cap de Prato, qui
eft le commēcemēt de l'abbaye de Challeur.
Et pource que le vent eftoit bon & cōuenable, feifmes porter le iour & la nuict. Et le

lendemain veifmes querir au corps l'yfle de Bryon. Ce que ne voulions faire pour l'abbregé de noftre chemin : Et font les deux terres gifantes Sueft & Noronaift vng quart de l'Eft & de l'Oneft. Et y a entre eulx. 50. lieues. Ladicte yfle eft en. 47. degrez ½ de latitude.

Le ieudi. 26. iour dudict moys, iour & fefte de l'afcétion noftre Seigneur, nous trauerfafmes à vne terre & fablō de baffes araynes, qui demeurent au Suronaift de ladicte yfle de Bryon enuiron huict lieues. Par deffus lefquelles y a de groffes terres plaines d'arbres, & y a vne mer enclofe dont n'auons veu aucune entrée ny ouuerture pour entrer en icelle. Et le vendredy. 27. par ce que le vent changeoit à la cofte, retournafmes à ladicte yfle de Bryon, ou feufmes iufques au premier iour de luing, & vinfmes querir vne terre haulte qui demeure au Sueft de ladicte yfle, qui nous apparoiffoit eftre vne yfle, & la rengeafmes enuiron deux lieues & de mye, faifant lequel chemin eufmes congnoiffance de trois haultes yfles qui demeurent vers les Araynes. Apres lefquelles chofes congneues, retournafmes au cap de ladicte terre. qui fe faict à deux ou trois caps haultz à merueilles, & grand parfond d'eaue & la marée fi courante, qu'il n'eft poffible de plus.

46

Nous arriuafmes celluy iour au cap de Lorraine, qui eft en. 46. degrez ½. au Su, duquel cap y a vne baffe terre. & femblant d'entrée de riuiere : mais il n'y a hable que vaille. Parfus lefquelles terres vers le Su, veifmes vng aultre cap de terre que nous nommafmes le cap de Sainct Paul, qui eft en. 47. degrez ¼.

Le dimenche. 4. iour dudict moys, iour & fefte de la Pentecoufte, eufmes congnoiffance de la cofte Deft Sueft de terre neufue, qui eftoit à enuiron vingt deux lieues du cap, & pource que le vent eftoit contraire, feufmes a vng hable que nous nommafmes le hable de fainct efperit, iufques au mardi que appareillafmes dudict hable, & rengeafmes ladicte cofte iufques aux yfles Saict Pierre, lequel chemin faifant trouuafmes le long de ladicte cofte plufieurs yfles & baffes fort dangereufes eftans en la routte Deft, Sueft & Onaift, Noronaift à vne, vingt trois lieues à la mer. Nous feufmes efdictes yfles fainct Pierre, ou trouuafmes plufieurs nauires, tant de France que de Bretaigne, depuis le iour Sainct Barnabé unziefme iour de Iuing, iufques au. 16. iour dudict moys. que appareillafmes. des dictes yfles Sainct Pierre. & vinfmes au Cap de Raze & entrafmes dedans vng hable nomme Rougnoze, ou prinfmes

eaues & boys pour trauerſer la mer & la laiſ-
ſaſmes l'une de noz barques. & appareillaſmes dudict hable le lundi. 19. iour dudict
moys. Et auec bõ temps auõs nauigué par la
mer, tellement que le. 6. iour de Iuillet. 1536.
ſommes arriuez au hable de Sainct Malo la
grace du createur. Lequel prions faiſant fin
à noſtre nauigation, nous donner ſa grace, &
paradis à la fin. Amen.

℃ *Enſuyt le lãgage des pays & Royaulmes de
Hochelaga & Canada, aultrement appel-
lée par nous la nouuelle France.*

Premier leur nombre de compter

Segada	1
Tigneny	2
Aſche	3
Honnacon	4
Ouiſcon	5
Indahir	6
Ayaga	7
Addegue	8
Madellon	9
Aſſem	10

℃ *Enſuit les noms des parties du corps de l'hõme*

La teſte   Aggourzy

Le frons	Hetguenyafcon
Les yeulx	Hegata
Les oreilles	Ahontafcon
La bouche	Efcahe
Les dentz	Efgougay
La langue	Ofuache
La gorge	Agouhon
Le menton	Hebehin
Le vifaige	Hogouafcon
Les cheueulx	Aganifcon
Les braz	Aiayafcon
Les effelles	Hetnanda
Les couftez	Aiffonne
L'eftomach	Aggruafcon
Le ventre	Efchehenda
Les cuiffes	Hetnegradafcon
Le genouil	Agochinegodafion
Les iambes	Agouguenehonde
Les piedz	Onchidafcon
Les mainz	Aignoafcon
Les doidz	Agenoga
Les ongles	Agedafcon
Le vit	Aynoafcon
Vng con	Chaftaigne
Vng homme	Aguehan
Vne femme	Agruefte
Vng garfon	Addegefta
Vne fille	Agnyaquefta

Vng petit enfant	Exiasta
Vne robbe	Cabata
Vng propoinct	Coioza
Des chausses	Henondoua
Des soullyers	Atha
Des chemises	Anigoua
Vng bonnet	Castrua
Ilz appellēt leur bled	Osizy
Pain	Carraconny
Eaue	Ame
Chair	Quahouascon
Poisson	Queion
Prunes	Honnesta
Figues	Absconda
Raisins	Ozaha
Noix	Quaheya
Vne poulle	Sahomgahoa
Vne lamproye	Zysto
Vng saulmon	Ondaccon
Vne ballaine	Ainnehonne
Vne anguille	Esgneny
Vng escureul	Caiognem
Vne couleuure	Vndeguezy
Des tortues	Heuleuxime
Ilz appellēt le boys	Conda
Feuilles de boys	Hoga
Ilz appellēt leur dieu	Cudragny
Doñez moy a boyre	Quazahoa quea

Doñez moy a deſiuner	Quazahoa quaſcahoa
Doñez moy a ſouper	Quazahoa quatfream
Allõs nous coucher	Caſigno Agnydahoa
Bon iour	Aignaz
Allons iouer	Caſigno Caudy
Venez parler a moy	Aſigni quaddadia
Regardez moy	Quatgathoma
Taiſez vous	Aiſta
Allons au baſteau	Quaſigno Caſnouy
Doñez moy vng couſteau	Quazahoa agoheda
Vng hachot	Addogne
Vng harc	Ahena
Vng fleche	Quahetam
Allons a la chaſſe	Quaſigno donaſſent
Vng Cerf	Aionneſta
De dains ilz dient que ſe ſont moutons & les appellent	Aſquenondo
Vng liepure	Sourhamda
Vng chien	Agayo
Des ouyayes	Sadeguenda
Le chemin	Adde
Ilz appellent la graine de concõbres ou mel lons	Caſconda
Quand ilz veullent dire demain Ilz dient	Achide
Le ciel	Quenhia
La terre	Damga
Le ſoleil	Yſnay

La lune	Affomaha
Les eftoilles	Siguehoham
Le vent	Cahoha
La mer	Agogafy
Les vagues de la mer	Coda
Vne yfle	Cohena
Vne montaigne	Ogacha
La glace	Honnefca
La neige	Canifa
Froid	Athau
Chault	Odazan
Feu	Azifta
Fumee	Quea
Vne maifon	Canocha
Ilz appellét leurs febues	Sahe
Ilz appellent vne ville	Canada
Mon pere	Addathy
Ma mere	Adanahoe
Mon frere	Addagnin
Ma feur	Adhoaffeue

Ceulx de Canada difent qu'il fault vne lune a nauiger depuis Hochelaga, iufques à vne terre ou fe prend la canelle & le giroffle

Ilz appellét la canelle	Adhotathny
Le giroffle	Canonotha

❡ Fin.

NOTES

VARIANTES, CORRECTIONS

ET ADDITIONS

Nous avons déclaré, dans l'introduction placée en tête de ce petit volume, que l'édition originale de 1545, dont il offre une reproduction scrupulement fidèle, est loin de représenter un texte irréprochable sous le rapport de la correction typographique; elle n'est pas non plus à l'abri de tout reproche d'inexactitude au point de vue d'une rigoureuse conformité aux textes manuscrits encore existants de la relation de Cartier; & nous avons annoncé que l'éditeur d'aujourd'hui avait résolu de porter remède aux défaillances de l'ancien éditeur, en ajoutant à la réimpression actuelle un appendice destiné à corriger ces fautes, & à signaler les variantes des mss : ces variantes acquièrent en certains cas une étendue qui leur donne l'importance d'addi-

G

tions confidérables. puifqu'elles fourniffent jufqu'à deux chapitres entiers reftés en lacune dans l'édition de 1545, & par conféquent dans les verfions de Ramufio & de Hakluyt auxquelles elle a fervi de type.

Ainfi que nous l'avons dit, les mss font au nombre de trois, tous d'une écriture contemporaine de la rédaction même, & tellement femblable d'un exemplaire à l'autre, qu'au premier abord on pourrait les croire tous de la même main. Il y a cependant quelques différences, & il eft permis de croire que ce font trois expéditions groffoyées fucceffivement d'après une feule & même minute, à laquelle il pouvait être fait quelque légère addition pour en former un enfemble plus complet & mieux difpofé.

Celui des trois mss qui nous paraît réunir divers caractères d'antériorité à l'égard des deux autres, porte, dans le claffement actuel des mss français de la Bibliothèque impériale, le n° 5653; primitivement il avait été numéroté MDXIIII; il reçut enfuite le n° 611 dans la Bibliothèque royale de Fontainebleau, & fut infcrit plus tard fous le n° 10272 dans celle de Paris. Il eft couvert d'une reliure ancienne nouvellement reftaurée, en bafane brun clair, décorée en or, fur les plats, des armes & du chiffre du roi Charles IX. Nous le défignerons fpécialement déformais, pour abréger, par la lettre *A*.

Le fecond ms, portant aujourd'hui le n° 5589, avait primitivement été numéroté *huit cents trente trois;* il fut claffé à Fontainebleau fous le n° 672, puis à Paris fous le n° 10025. Il eft relié en ancien maroquin rouge plein, à filets dorés & médaillon ovale aux armes royales fur les plats. Nous le défignerons par la lettre *B*.

Le troifième, fous le n° 5644 dans l'ordre actuel,

provient de la bibliothèque de Philibert de la Mare : il portait, dans le claſſement de ce fonds, le n° 373, & il fut inſcrit au Catalogue des mss du roi ſous le n° 10265-3. Il eſt couvert d'une demi-reliure moderne à dos de maroquin rouge du Levant, avec papier d'Annonay marbré ſur les plats. Nous lui affecterons ſpécialement la lettre C.

Tous les trois ſont écrits ſur papier ſemblable, de format *couronne* in-folio, les volumes ne différant entre eux de grandeur que par la rognure; le premier compte 59 feuillets remplis, le ſecond 66, le dernier 62. Le premier n'offre aucun des intitulés de chapitres qui ſe trouvent dans les deux autres auſſi bien que dans l'imprimé; il ne contient pas non plus l'épître au Roi qui se lit dans les autres; & il commence *en belle page* par un titre général, qui ſe retrouve dans le ms *B* au verſo du premier feuillet, ſur lequel il n'eſt écrit rien autre choſe. Ce titre général manque au ms *C*, mais on peut admettre qu'il y était joint dans l'origine, comme au ms *B*, au verſo d'un feuillet de garde qui aura diſparu, ou bien que l'adjonction en aura été négligée. Ce titre eſt très-différent de celui de l'édition imprimée, lequel a évidemment été ſuppléé par l'éditeur d'alors ſi le ms dont il diſpoſait en était dépourvu, ou ſubſtitué par lui à l'intitulé original, qui a pu lui paraître d'une rédaction par trop lourdement ſolennelle pour éveiller la curioſité du public.

Le voici en effet tel que le donnent nos manuſcrits :

« Seconde navigation faicte par le commande-
« ment & voulloir du tres chreſtien roy François
« premier de ce nom au parachevement de la deſ-
« couverte des terres occidentalles eſtantes ſoubz
« le climat & paralleles des terres & royaulme dudict

« feigneur & par luy precedantement ja commen-
« cées à faire defcouvrir. Icelle navigation faicte
« par Jacques Cartier natif de Sainct Malo de lifle
« en Bretaigne, pillote dudict feigneur, en lan mil
« cinq cens trente fix. »

Nous fommes difposé à penfer que le ms *A* n'eft
autre que l'expédition originale deftinée au roi, foit
que Cartier lui-même ait été admis à la lui préfenter,
comme le donnerait à croire Lefcarbot, foit qu'elle
ait dû paffer par les mains de l'amiral de Brion : l'épître
qui fe lit en tète des autres exemplaires, & fait corps
avec eux, devait naturellement, dans une préfenta-
tion ou un envoi officiel, être mife féparément fous
les yeux du fouverain, & voilà comment elle n'eft
pas jointe à la relation, qu'elle accompagnait fans
doute, mais dont elle devait être matériellement
détachée. C'eft dans les tranfcriptions ultérieures
feulement que l'épître aura été réunie à la relation,
& les chapitres de celle-ci pourvus d'intitulés auxquels on n'avait pas d'abord fongé.

A ces additions près, le ms *B* reproduit fidèle-
ment le ms *A*; & le ms *C* leur eft auffi prefque en-
tièrement conforme : dans les cas cependant où
quelque différence peut être remarquée, c'eft le
ms *C* que femblerait refléter plus particulièrement
la rédaction fuivie par l'éditeur de 1545, auffi bien
que celle dont a fait ufage Lefcarbot. Quant aux éditions de Ternaux & de la Société littéraire & hiftorique de Québec, elles ont été faites, l'une d'après
les mss *B* & *C*, l'autre fur l'enfemble des trois mss
combinés avec les extraits de Lefcarbot. Comme,
pour certains mots, furtout pour les noms propres,
la lecture des mss peut offrir quelque incertitude,
il nous a femblé utile de comparer entre elles les
leçons diverfes auxquelles fe font arrêtés les édi-

teurs fucceffifs, & nous avons en conféquence, pour
la défignation éventuelle de ces publications, affecté
fpécialement la lettre *L* aux extraits de Lefcarbot,
la lettre *T* à l'édition de Ternaux, & la lettre *Q* à
l'édition donnée par la Société de Québec.

Il nous a paru oifeux de noter fcrupuleufement
une à une toutes les nuances d'orthographe dans les
mots de la langue ufuelle, toutes les inverfions des
mots d'une même phrafe, tous ces petits riens qui
euffent rendu le relevé des variantes auffi étendu
que le livre même : peut-être quelques lecteurs
trouveront-ils que nous aurions dû élaguer encore
davantage. Quant aux noms propres, au contraire,
ainfi qu'aux expreffions peu ufitées, nous avons cru
que notre fcrupule ne pourrait être trop grand ;
toutefois, même à cet égard, il nous paraît fuffifant
de dire ici une fois pour toutes, que le nom du
voyageur lui-même, toujours imprimé *Quartier* par
Lefcarbot, & à fon exemple par la Société littéraire
& hiftorique de Québec, eft conftamment écrit
Cartier dans nos mss.

C'eft à M. François De Witt que le nouvel éditeur
a confié la tâche de relever les variantes que l'on
trouvera confignées ci-après. L'indication compara-
rative que nous avons donnée plus haut, du contenu
de chaque ms & de fes lacunes, nous difpenfe d'y
revenir en détail dans le recenfement qui va fuivre.
Comme l'accord général des trois mss conduirait
à une répétition prefque perpétuelle, dans ce relevé, des trois lettres *A B C* réunies, nous y avons
fubftitué, comme un équivalent, l'indication unique *mss*, laquelle à la rigueur ferait même fuperflue
quand il s'agit feulement de la correction de fimples
coquilles typographiques : parmi celle-ci il en eft
une tellement conftante, qu'elle peut être fignalée

en bloc par une annotation générale : il s'agit de toutes les désignations des points de la rofe des vents où figure le mot *oueft*, plus fouvent écrit *ouaift* dans nos mss, & que le typographe de 1545 a conftamment imprimé *Onaift* & *Ornaift*.

Nos renvois s'expliquent ainfi qu'il fuit : un premier chiffre rappelle d'abord le feuillet de notre texte imprimé, & l'une des minufcules italiques *a* ou *b*, qui l'accompagne, fpécifie le recto ou le verfo de ce feuillet ; le nouveau chiffre qui vient enfuite défigne, fuivant que le nombre eft fimple ou double, la ligne ou les lignes auxquelles il faut fe reporter : puis eft répété le mot ou la férie de mots du texte fur lefquels porte la variante ou la correction, laquelle eft placée vis-à-vis après un tiret féparatif. Toute obfervation ou annotation de notre fait eft foigneufement renfermée entre parenthèfes.

Voici donc, par le menu, le réfultat de notre recenfion :

2 *a* 11-12 *declination* — declinaifon, *B C.*
 . . 13-14 *es autres* — aux aultres, *B C.*
 . *b* 3 *efgalleté* — egalite, *B C.*
 . . 4 *fuffit qu'il ayft* — fuffift qu'il eft, *B* : fuffit quil y eft, *C.*
 . . 9-10 *quelques genres ou efpèces* — quelque genre ou efpèce, *B C.*
 . . 12 *leur nature* — leurs natures, *B.*
 . . . *par la vie* — pour la vie, *B.*
 . . 18 *ilz dient* — ilz ont dict, *B* : ilz en dient, *C.*
 . . 19 *afferment* — affermé, *B.*
 . . . *trois inhabitées* — troys inhabitables, *B.*
3 *a* 1 *folftices* — (ajoutez :) pour la grant challeur & reverbération du fouleil. *B.*

3 a   2 *zenic des testes des habitans d'icelle* — zenitt de la dicte zone . B.

. .   9 *pensent... treuuent* — pensoient... treu uoient, B C.

. .   10 *ou* — la ou, B C.

. .   11 *d'icelluy* — dicelles, B C.

. .   12 *aueuturer* -- auenturer.

. . 15-16 *ie dictz* — je diray, B.

. .   18 *ung mot* — ung brief mot. B C.

. b   7 *d'eulz* — de soy, C.

    7-8 *à l'aduanture* — en laduanture, B C.

. .   11 *saincte soy* — tres saincte foy, B C.

. .   12 *des* — desdictz, B C.

. .   14 *le allegue* — lay allegué, B C.

. .   *par ce* — pour ce, B.

. .   16 *reconce* — recouce, B ; retire, C.

. .   17 *faict* — faisant, B.

4 a   2 *duquel* — de quoy, B.

. .   3 *à mon foible* — en mon simple. B.

. .   4 *plaist* — pleust. B.

. .   6 *estans & habitans soubz* — estantes & habitantes sur, B C.

. .   9 *ayt* — aient eu, B C.

. .   12 *saincte* — tres saincte, B C.

. .   13 *à la* — en la, B C.

. .   17 *à l'occident* — en loccident, B C.

. b   1 *saincte* — tres saincte, B C.

. .   3-4 *eclipses* — eclipser, B.

. .   4-5 *soubdainement* — semblablement, C.

. .   5 *monster sa clerté* — monstrer sa clarte, B C.

. .   8-9 *apostatz & imitateurs de Mahomet* — (ces mots ne se trouvent pas dans le ms B).

. .   9-10 *de iour en autre* — de jour en jour. B.

. .   10 *C opprimer* — obnubiller. B.

4 *b*	12	*donnent* -	donnoient. *BC.*
.	18	*paoures* ·	princes, *B*; pouures, *C.*
5 *a*	19	*innumerable* —	la innumerable. *BC.*
. *b*	2	*descend* —	decourt, *BC.*
. .	3	*permy* —	parmy, *BC*
. .	8	*nostre dicte saincte* —	nostre dicte tres saincte, *B*; nostre tres saincte, *C.*
. .	11	*cestuy present petit liure* —	ce present liure, *C.*
. .	11-12	*toutes choses* —	toutes les choses, *B.*
. .	16-17	*& terres* —	(le ms *B* ajoute:) les rottes dangiers & gisement dicelles terres.
6 *a*	3	*en l'an* —	oudict an, *A.*
. .	16	*avec trois* —	avec lesdictz trois. *mss.*
. .	17	*environ* —	de environ, *mss.*
. .	18	*le* —	ledict, *mss.*
. .	19	*frosmond* —	Fromont, *mss.*
. .	21	*Montreueil* —	Montreul, *mss*; Montreal, *LT*; Montcevelles, *Q.*
. .	22-23	lehan poullet —	(ce nom ne se trouve dans aucun des trois mss non plus que dans *L.* C'est une évidente interpolation, qui se reproduit en divers endroits de la narration, & qui demeure toujours exclusivement restreinte au texte imprimé de 1545).
. .	23	*Le second* —	au second, *mss.*
. .	25	*environ* —	de environ, *mss.*
. .	27	*tiers* —	tiers & plus petit, *mss.*
. *b*	1	*l'Emerillon* —	l'Hemerillon, *mss.*
. .	2-3	*le breton* —	Lebreton, *AC*; le Breton, *B.*
. .	4	20 —	vingt sixiesmes, *mss.*
. .	7	*contraire* —	contraires, *mss.*
. .	.	*que* —	que jamais, *mss.*
. .	8	*la mer* —	ladicte mer. *mss.*

6 *b*	15	(Ici commence un nouvel alinéa dans les trois mss.)
. .	21	*quelle* — Laquelle, C.
7 *a*	1	*du* — de, *mss.*
. .	.	*labbaye* — la baye, *mss.*
. .	3	*debuoyns* — deuyons, *mss.*
. .	12	*Ornaiſt Surnaiſt* — Ouaiſt Surouaiſt, *mss.*
. .	17	*Et* — leſquelles, *mss.*
. .	18	*ladicte* — de la dicte, *mss.*
. .	28	*grande voye* — grandes bayes. *mss.*
. *b*	2	*marthe* — martre, *mss.*
. .	6	*Onaiſt* — Oueſt, *mss.*
. .	6-7	*yles ſaincte Marthe* — yſles ſainct Guillaume & aultres yſles qui demeurent à ouaiſt ſurouaiſt des yſles ſaincte Martre, *mss.*
. .	11	*le trauers* — juſques le trauuers, *mss.*
. .	13	*duquel* — duquel cap, *mss.*
. .	16	*marthe* — martre, *mss.*
8 *a*	4	*Nor onaiſt* — Norouaiſt.
. .	.	*environ* — à environ, *mss.*
. .	6	*Et parce* — Et pour ce, *mss.*
. .	9	*feuſmes charcher* — allaſmes ſercher, *mss.*
. .	15	*une croix* — une grande croix, *mss.*
. .	19	*& ſe fault* — Il ſe fault, C.
. .	23	*pluſieurs bons hables* — pluſieurs hables, *mss.*
. .	25	*vii* — viij*ᵉ*, *mss.*
. .	27	*deca* — du ſu, *mss.*
. *b*	1	*Su ſur Onaiſt* — Su Surouaiſt.
. .	4	*de Su* — du Su, *mss.*
. .	8	*paſſaige... ventz... ſcauoit* — poſaige... temps... pourroit, *mss.*
. .	15	*Le douzieſme* — le xiij*ᵉ*, *mss.*
. .	19	*de Sur Onaiſt* — du Suouaiſt.

8 b   26 *l'an precedent a Canada* — le premier
voyage a Canada *AB*. l'an prece-
dant, C.

..   27 *dudict* — de la dudict. *AB*.

..   . *cõmenceroit* — commancoit. *mss*

9 a   11 *donc* — dont. *mss*.

..   14-15 *Onaiſt ſur Onaiſt* — Oueſt Suroueſt. *mss*.

..   19 *mardy* — mardy midi. *mss*.

..   23 *devers* — de devers. *mss*.

..   24 *haultes ... giſant* — baſſes ... giſantes. *mss*.

..   25-26 *Onaiſt ung cart de Sur Onaiſt* — Ouaiſt
un quart du Surouaiſt, *mss*.

..   28 *habitable* — habitée. *mss*.

. b   6 *grãt Silenne* — grand fleuve de Silenne, *mss*.

..   7-8 *eſtroiſſent* — eſtroiſſiſſant. *mss*.

.   8 *puis q̃* — & puiſque, *mss*.

..   9 *doulce* — doulce audict fleuve, *mss*.

    10 *n'auroit* — nauoit eſte, *mss*.

..   15 *le reſte de la dicte terre & coſte* — la reſte
& coſte, *AB*.

..   16 *veoir* — a veoir, *mss*.

..   24-24 *noſtre* — le dict, *AB*.

..   27 *Sur Ornaiſt* — Surouaiſt, *mss*.

10 a   2 *de Su* — du Su, *mss*.

..   17 *lieue d'elle* — lieue de terre elle, *mss*.

..   24 *ſauuaiges* — hommes, *mss*.

..   27 *21* — (T a lu xxme).

. b   9 *bonne radde* — bonnes raddes. *mss*.

..   . *& vingt* — a vingt, *mss*.

..   10 *de ſablon* — & ſablon, *mss*.

..   12 *bruynnes... faiſoiẽt* — bruymes... faiſoit, *mss*.

    13 *xxiiiie iour dudict moys* — (ajoutez :) que

> nous appareillafmes. Et avons efte par
> la mer chemyn faifant jufques au vingt
> neufiefme dudict moys, *mss.*

10 *b*	22	*font* — fonne, *mss.*
. .	26	*Su Sur Onaift* — Su Surouaift, *mss.*
. .	28	*marie* — marée, *mss.*
11 *a*	1	*les nommafmes* — le nommafmes, *mss.*
. .	2	*entrafmes* — arrivafmes, C.
. .	5	*Beft* — left, *mss.*
. .	15	*l'Onaift, Sur, Onaift* — louaift Surouaift, *mss.*
. .	16	*du fleuve* — dudict fleuve, *mss.*
. .	18	*de Saguenay* — du Saguenay, *mss.*
. .	19-20	*fauuages* — hommes, *mss.*
. .	22	*& nonobftāt* — ce nonobftant, *mss.*
. .	25-26	*qui... arbre* — que... tel arbre, *mss*
. *b*	2	*barques des fauuages lefquelz venoient vers nous en grand peur* — barques de Canada qui eftoient la venues pour faire pefcherye de loups marins & aultres poiffons. Et nous eftans pofez dedans ladicte riviere vint deux defdictes barques vers noz navires, lefquelles venoient en une paour, *mss.*
. .	4	*recueillit* — reffortit, A B; fortit, C.
. .	7-8	*feurement* — feurement a bort, *mss.*
. .	12	*mares* — marée, *mss.*
. .	15	*deux braffes* — deux & trois braffes, *mss.*
. .	17	*de ce puantes* — decepuantes, *mss (L & Q ont tranfcrit décevantes).*
. .	23	*Sur Onaift* — Surouaift, *mss.*
. .	26	*l'obbe* — lebbe, *mss.*
12 *a*	1-2	*paffames* — pofafmes, *mss.*
. .	3	*matin* — au matin, *mss.*
. .	8	*marfouyns* — merhoux *mss (L a lu me*

roux , *T* morhoux, & *Q* morrues).

11 *b*	8 *Eſtre* — eſtocq, *mss* (*L*, *T* & *Q* liſent uniformément eſtoc).
. .	12 *ladicte riviere* — ledict fleuue, *mss.*
12 *a*	14 *fors* — fort *mss.*
. .	16 *fleuve* — fleuue ny pays, *mss.*
. .	25 *Adhothuys* — adhothuys cy devant eſ criptes, *AB;* (dictes, *C*).
. *b*	20 *leur ſaiſon* — les ſaiſons, de quoy ſera faict cy apres mention, *mss.*
. .	. *encre* — ancre, *mss.*
. .	22-23 *ſauuaiges* — hommes, *C.*
. .	25 *vouloient* — voullurent, *C.*
. .	28 *Taignoagny* — (*L* & *Q* ont lu Taigu- ragny).
13 *a*	2 *demener ioye* — faire grand chere, *mss.*
. .	3 *parler* — partie, *mss.*
. .	9-10 *du pays* — dudict pays, *mss.*
. .	11 *chaire* — chière, *mss.*
. .	22 *deux* — deulx deſdictes barques, *C.*
. .	28 *eſte* — eſt, *mss.*
. *b*	2 *&* — & Dom Agaya, *AB.*
. .	6 *qu'il leur* — qui leur, *mss.*
. .	7 *fut* — fut ledict ſeigneur, *AB;* fut icelluy, *C.*
. .	10 *Lors noſtre* —Et lors ledit, *AB;* Et lors noſtre dict, *C.*
. .	19 *ledict Agouhanna* — ledict ſeigneur, *C.*
. .	20 *Et feiſt* — Et pareillement feiſt, *mss.*
. .	. *ledict* — noſtre, *C.*
. .	21 *ſes barques* — noz barques, *mss.*
. .	22 *auant* — amont, *mss.*
.	26 *bort d'icelles* — bout d'icelle, *mss.*
. .	27 *aſſeurg* — affourq, *mss* (*T* a lu asfourq. *L* & *Q* affourc).

14 *a*	4	*ledict lieu* — la dicte riuiere, C.
. .	12	*noyers, yfz* — noyers, pruniers, yfs, *mss.*
. .	15	*beau* — bon, *mss.*
. .	19	*ledict* — noſtre dict, C.
. .	25	*enfans* — (omis dans le ms C).
. *b*	5	*voirre* — verre, *mss.*
. .	9	*ioye* — feſte, C.
. .	.	*benne* — venue, *mss.*
. .	17	*Hinanda.* — commanda, *mss.*
. .	23	*fors beaulx arbres* — fort beaulx arbres comme chaiſnes, hourmes, pins, feddres & aultres boys, *mss.*
. .	26	*par ce* — pour ce, *mss.*
15 *a*	1	*Bacchus* — Baſcuz, C.
. .	2-3	*terre a veoir, mais eſt* — terre & unye, *AB,* terre & unye mais elle eſt, C.
. .	6	*faicte* — faict, *mss.*
. .	9	*le 14* — le lendemain 14, *mss.*
. .	.	*dudict moys* — de ſeptembre, C.
. .	16	*noz* — les, *mss.*
. .	22	*deffiance d'eux* — deffiance, *mss.*
. .	.	*Le* — noſtre dict, C.
. .	26	*lors* — & alors, *mss.*
. .	27	*Le lendemain 15 ledict cappitaine feuſt à terre avec pluſieurs* — & le lendemain 15e dudict mois le cappitaine accomgné de pluſieurs de ſes gens fut a terre, *AB.*
. .	28	*ballifes* — ballifes, *mss.*
15 *b*	2	*lieu ſe* — lieu trouvaſmes & ſe, *mss.*
. .	3	*pluſieurs* — grand nombre de, *AB.*
. .	3-4	*entre aultre* — entre aultres, *AB.*
. .	7	*d'ung* — dudict, *mss.*
. .	.	*ſans ce que aucun* — ſans quaucun, *mss*
. .	14	*aultres* — aultres de leur bande, C.

15 b	20	*a quoy leur respondit* — a quoy respondit, *mss.*
..	21	*leur* — sa, *mss.*
.. 21	22	*laisseront* — laisseroit, *mss.*
.	24	*le dict* — lesdicts, *mss.*
..	26	*Lors* — & lors, *AB.*
..	28	*Et avāt* — car avant, *mss.*
16 a	3	*Donnacona* — Donnacona ensemblement, *AB*: Donnacona tous ensemble, C.
..	7	*& le lendemain* — Le lendemain (commençant un nouvel alinéa dans les mss).
..	11-12	*au dict Hochelaga* — a Hochelaga, *mss.*
..	15	*Domagaya &* — Dom Agaya avec, *mss.*
..	16	*que petis enfans* — que enffans, *mss.*
..	19	*festoyez* — festoiez & receuz selon leur estat, *mss.*
..	22-23	*ne vouloit* — ne vouloit point, *mss.*
..	23	*allast* — allast avecques luy comme il auoit promis, *mss.*
. b	1	*voulant* — voulloit, *mss.*
..	3-4	*ne feroient que aller & venir seulement audict* — ne feroient seulement que aller veoyr, *mss.*
..	7	*Et le lendemain* — (ces mots commencent un nouvel alinéa dans les mss).
..	13	*lesdictes* — noz dictes, *mss.*
..	18-19	*une harengue* — une grande harengue, *mss.*
..	19-20	*de dix à douze ans* — de dix ans, *mss.*
..	23	*criz & hurlemens* — criz, *mss.*
17 a	1	*Lors* — Et lors, *mss.*
	3	*dudict seigneur* — dudict seigneur Donnacona, *mss.*

56

17 *a*   9 *laisseroit y aller* — laisseroit effaiyer aller audict Hochelaga , *mss.*

. .   14 *aller* — de aller, *AB.*

. .   19 *par ce* — pour, *mss.*

. .   23 *baffin d'arain plain* — baffin plain, *C.*

. .   27 *ledict Dõnacona noftre cappitaine* — ledict cappitaine, *mss.*

. *b*   7 *navires & gens* — navires, *mss.*

. .   11 *& dauant* — Et auparavant, *mss.*

. .   14-15 *lequeleftoit demeuré à* —lefquelz eftoient en , *mss.*

. .   17 *grand hafte ainfi que fi les euffions voulu* — fi grand hafte qu'il fembloit que les vouluffions, *AB.*

18 *a*   3 *à Hochelaga* — audict Hochelaga, *C.*

. .   4-5 *ilz habillerent* — ilz firent habiller, *mss.*

. .   11 *& leur bande vint* — & puis vindrent avec leur bande, *BC.*

. .   12 *lefquelz* — &. *C.*

. .   16 *tous du boys* — tous, *AB.*

. .   17 *lefdictes* — nofdictes. *AB.*

. .   18-19 *commence* — commença, *AB.*

. .   20 *vouloit* — vouloit avoir, *mss.*

. .   21 *lequel luy refpondit* — à quoi luy refpondit ledict Taignoagny, *AB;* lequel refpondit, *C.*

. .   24 *cAppoiffût* — appareffant. *mss.*

. *b*   7 *diftant* — diftant defdictes navires, *AB.*

. .   10-11 *eftans audict boys* — eftans retirez, *mss.*

. .   14 *Dom cAgaya* — Dom Agaya dudict boys, *mss.*

. .   27 *qu-* — que.

19 *a*   1 *Cudragny* — Cudouagny. *mss* (c'eft ainfi que lifent auffi *LTQ*).

. .   4 *auoit* — auroit. *mss.*

19 *a*	5	*mouroient* — mourroient, *mss.*
. .	7	*Cudragny* — Cudouagny. *mss.*
. .	10	*Lors* — Et lors, *A B.*
. .	14	*Defquelles parolles* — De quoy, *mss.*
. .	15	*remercierent* — remercierent fort, *AB.*
. .	.	*fe retirent* — s'en retournèrent, *mss.*
. .	25	*pour* — par, *A B.*
. *b*	1	*à Hochelaga* — audict Hochelaga, *C.*
. .	3	*le cappitaine* — a quoy, *mss.*
. .	5	*par* — pour, *mss.*
. .	14	*feptembre* — (ajoutez :) comme dict eft, *mss.*
. .	15-16	*avec ledict gallion* — avec le gallion. *mss.*
. .	20	*viues* — unies, *mss.*
. .	21	*beaulx* — plus beaulx, *mss.*
. .	23	*ayent* — y ayent. *A B.*
20 *a*	1	*les raifins* — leurs raifins, *C.*
. .	2	*beaucoup* — grant nombre, *mss.*
. .	3	*fur ledict* — fur la rive dudict, *mss.*
. .	4	*tous poiffons* — tous bons poiffons felon les faifons, *mss.*
. .	12	*Ochelay* — Achelaiy, *A B;* Achelayy, *C·* Achelaci, *L;* Achelacy, *T Q.*
. .	15	*vindrent* — la vindrent, *mss.*
. .	17	*faifoit* — fit, *mss.*
. .	21	*auant* — amont, *mss.*
. .	24	*enfans* — (ajoutez :) a don, *mss.*
. .	25	*fept à huict* — huict a neuf, *mss.*
. .	.	*reffufant* — reffufa, *mss.*
. *b*	1	*present* — (ajoutez :) duquel remercia ledict feigneur ledict cappitaine, *mss.*
. .	2	*celuy* — ledict, *A.*
. .	5	*le 19* — celluy 19, *B ;* ledict 19, *C.*
. .	10	*des beaulx* — des plus beaulx, *mss.*
. .	11	*noyers* — (ajoutez :) pins. *mss.*

20 *b*	12	*briez, ſandres* — boulx, fauldres, *mss;* boulles, faules, *Q.*
. .	13	*vignes* — (ajoutez :) qui eſt le meilleur, *A B.*
. .	15	*chargez* — tous chargez, *mss.*
. .	.	*ſeulement* — pareillement, *mss.*
. .	18	*ſerins, rouſſignolz* — ferins, linottes, roſſignolz & autres, *mss.*
. .	21	*Lediƈt* 18 — Lediƈt xxviij°, *mss.*
. .	24	*amont* — amont le diƈt lac, *mss.*
21 *a*	5	*les* — noz, *mss.*
. .	8	*icelluy* — icelles, *mss.*
. .	11	*braſſe* — (ajoutez :) de profond, *mss.*
. .	13-14	*vinſmes* — viſmes, *mss.*
. .	15	*trois* — deux, *mss.*
. .	.	*Toutes icelles* — (Ces mots commencent un nouvel alinéa dans *A B*).
. .	18-19	*à mond* — amont, *mss.*
. .	27	*auſſy legierement que ſy ſeuſt eſté* — anſſi qu'il euſt faiƈt, *A B.*
. *b*	2	*mouceau* — monceau.
. .	2-3	*leſquels viuent* — qui vont, *mss.*
. .	4	*bons à merueilles* — (ajoutez :) a menger, *A B.*
. .	13	*laiſſerent* — laiffa, *B C.*
. .	16	*Le lendemain.* — (*L & Q* ajoutent :) vingt neufième de feptembre.
. .	19	*pouoyr* — de pouoyr, *mss.*
. .	24	*icelle* — icelles, *mss.*
. .	25	*des* — de partie des, *mss.*
22 *a*	1	*du pont* — du Pont Briand, *mss.*
. .	3	(Le nom de Jehan Poullet ne fe trouve dans aucun des trois mss.)
. .	4	*iallobert* — Jalobert, *A B.*
. .	5-6	*ſoubz le cappitaine des deux autres navires*

— foubz ledict Cartier. *AB*; foubz ledict cappitaine, C.

22 *a*   9 *dixneufiefme* — deuxiefme, *mss.*

. .   11 *d'ou* — du lieu ou, *mss.*

. .   12 *quarante cinq* — environ quarante cinq, *mss.*

. .   . *Auquel* — Durant lequel temps, *AB*; Auquel temps, C.

. .   19 *aures menues chofes* — aultres menues hardes, *AB*.

. .   26 *Les femmes d'aultre, & les enfans de l'autre* — & les femmes de leur part & les enffans d'aultre, *mss.*

. .   27 *& apres ce* — Lefquels, *AB*; Et, C.

. *b*   2 *qui* — lequel ilz, *AB*; quilz, C.

. .   8 *chaire* — chere, *mss.*

. .   . *apportoient leurs* — apportoient les femmes leurs, *AB*.

. .   12 *bon recueil* — bon voulloir, *AB*.

. .   14 *des petites* — certaines, *mss.*

. .   16 *des barques* — defdictes barques, *mss.*

. .   19 *a plus pres* — au plus pres, *mss.*

23 *a*   2 *hommes* — mariniers, B.

. .   4 *& la* — & de la, B.

. .   10 *en* — a, *mss.*

. .   16-18 *poffible, & plus belle terre & meilleure qu'on fcauroit veoir, toute* — poffible de veoir & la plus belle terre & meilleure, *AB*; poffible & des plus belles terres du monde, C.

. .   23 *ville* — (ajoutez:) de Hochelaga, *mss.*

. .   27 *ce que feifmes, lors* — Et lors, *AB*.

. .   . *ledict feigneur* — ledict Agohanna, C.

. *b*   7 *croix* — (ajoutez:) & remembrance de crucifix, *mss.*

23 *b*	16 *située* — située & affize, *mss.*
. .	25 *de long* — du long, C.
. .	26 *de haulteurs* — de la haulteur, *mss.*
. .	27 *n'y a* — & ny a, C.
24 *a*	3 *chailloux. Pour* — cailloux pour, *mss.*
. .	9 *large* — larges, *mss.*
. .	11 *eftres* — aiftres, *mss;* aires, *LQ.*
. .	13 *place* — falle, *mss.*
. .	14 *y viuent* — & viuent, *mss.*
. .	15 *leur* — leurs, *mss.*
. .	22 *le maffent* — la maffent, *mss.*
. .	23 *tourteaulx* — des tourteaulx, *AB.*
. *b*	1 *groffes* — de groffes, *mss.*
. .	. *Ilz ont* — Ilz ont auffy, *mss.*
. .	3 *poiffon* — (ajoutez :) fcauoir anguilles & aultres. *AB.*

. . 9-10 *peaulx de beftes fauuaiges, de quoy font leur veftement & couuerture* — couuertures de peaulx de quoy font leurs veftemens, fcauoir louiers, bieures, martres, regnards, chatz fauuaiges, dyns, ferfs & aultres fauuaiges. Mais la plus grand partie deulx font quafi tous nuds, *mss;* (pour louiers, *L* a lu loires, *T* loveres, *Q* loirs; & pour bievres, qui fignifie lapins, *T* a lu chievres).

. . 11-12 *Efurgny* — Enogny, *A;* Efnogny, *BC;* (*L* & *Q* ont lu Efurgny. *T* Efvogny).

. .	17 *feffens* — feffes, *mss.*
. .	18 *au lieu* — es lieux, *mss.*
. .	. *Efurgny* — Enogny, *mss.*
25 *a*	1 *n'en font* — ne font, *mss.*
. .	3 *ne font* — ne font, *mss.*

25 a	11	*chofes* — (ajoutez :) que ledict cappitaine leur fift, *B C.*
. .	13	*Apres que* — Ainfi comme, *mss.*
. .	20	*place* — grand place, *C.*
. .	22	*audict lieu* — (ajoutez :) ce que fifmes, *mss.*
. .	23-24	*les filles & femmes* — toutes les femmes & filles, *mss.*
. .	26	*frotter* — baifer, *A.*
. b	3	*nous* — en nous, *mss.*
. .	4	*à leurs dictz* — leurs dictz, *A B.*
. .	8	*foudain* — incontinent, *mss.*
. .	9	*chafcun* — chafcune, *mss.*
. .	15	*Agouhanna* — Agohanna, *A B.*
. .	18	*au pres* — pres, *A B.*
. .	23	*lencontre* — lentour, *mss.*
. .	26	*percluz* — percluz & malade, *mss.*
. .	28	*leurs* — en leur, *mss.*
26 a	2	*luy faifant figne* — le priant, *A B;* luy difant, *C.*
. .	3	*qu'il luy pleuft les* — les vouloir, *A B.*
. .	.	*toucher* — (ajoutez :) comme fil luy euft demande garifon & fante, *mss.*
. .	.	*lequel cappitaine les frota* — Et lors le cappitaine commenca a luy frotter les bras & jambes, *mss.*
. .	21	*fuincte foy* — (ajoutez :) & de la paffion de noftre Saulueur, *mss.*
. .	23	*paires* — paire, *mss.*
. .	25	*le* — la, *mss.*
. b	21	*aucune faueur* — gouft de fel, *mss.*
. .	23	*manger* — repaiftre, *mss.*
27 a	2	*y a* — dont il y a, *mss.*
. .	6	*qu'il eft* — qu'il foit, *mss.*
. .	10	*auquel va* — ou il y a, *mss.*

27 a	11	*qu'il est* — quil soit, *mss.*
. .	12	*passer* — de passer. Et voyons icelluy fleuue, *mss.*
. .	16	*enuiron* — a enuiron, *mss.*
. .	18-19	*qui nous auoient conduict* — qui étoient presens, C.
. .	23	*par faute de langue* — (Ces mots manquent dans les trois mss.)
. .	25	*liues* — lieues, *mss.*
. b	3	*royaulme* — royaulme & prouince, *mss.*
. .	5, 7	*estoit* — est, *mss.*
. .	8	*noz compaignons marinyers* — noz mariniers, *mss.*
. .	10	*y a* — y auoit, *mss.*
. .	10-11	*Agouionda*-Agojuda, *mss*; (*T* lit Agoinda.)
. .	12	*font* — estoient, *mss.*
. .	22	*demandant* — & demandant, *A.*
. .	24	*Et moustrerent* — & monstrant, *mss.*
28 a	26	*icelle* — icelle riuiere, *mss.*
. .	.	*la nature* — le profond & nature, *mss.*
. .	27	*ce qu'il* — ce que, *mss.*
. .	28	*Et* — mays, *mss.*
. b	3	*audict hable* — au hable, B.
. .	6	*veint* — vint, BC.
. .	10	*audict hable* — au hable, AC.
. .	16	*& autres* — aux aultres, *mss.*
. .	18	*toute la puissance du pays* — tout le pays, *mss.*
. .	22	*autres : lesquelz feirent une merueilleuse feste a nostre cappitaine, faignans auoir grand ioye de nostre venue : lequel* — aultres pour veoir ledict cappitaine & luy firent une merueilleuse feste, faignans estre joyeulx de sa venue, lequel pareillement, *mss.*

28 b 26 *Ledict* — Ledict seigneur. *AB*

29 a   1 *aller* — l'aller. *mss.*

    2 *Canada* — a Canada. *mss.*

    8 *dou... lesdictes... d'une lieue* — du lieu ou... noz... demye lieue. *mss.*

   14 *femmes* — femmes & filles. *C.*

   20 *chascun* — chascune. *mss.*

   25 *yues* — vuer. *mss.*

   . *& nous fut* — & fut. *AB.*

   26 *monstré* — monstré audict cappitaine, *AB.*

   27 *d'homme* — d'hommes. *mss.*

. b 1, 4. 11 *Trudamans* — Toudamans. *mss :* Tondamans. *T.*

   1 *deuers* — de deuers, *mss.*

   3 *& nous fut dict* — Oultre nous fut dict, *A.*

   7 *Honguedo* — Hongnedo, *L.*

 16-17 *reterasmes* — retirasmes. *mss.*

   22 *Dieu* — — Dieu qui vaille. *mss.*

   . *a ung* — en ung. *mss.*

   23 *Cudragny* — Cudouagny. *mss.*

   24 *qu'ilz parlent* — quil parle, *mss.*

30 a   5 *Et s'envont* — puis vont, *AB.*

   7 *le tout* — ces choses, *mss.*

. . 9. 17 *Cudragny* — Cudouagny, *mss.*

   10 *& dict qu'il* — & quil, *mss.*

   13 *cestuy* — en cestuy, *mss.*

   17 *Agouionda* — Agojuda, *mss.*

   23 *remonstrant* — remonstrast, *mss.*

 25-26 *retourneryons* — retournerons, *mss.*

. b   1 *ce qui* — ce quilz, *mss.*

   3 *leur fust faicte* — fist le cappitaine, *mss.*

   4 *tres ioyeulx* — (ajoutez) & le remercierent. *mss.*

60

30 b   5 *en communaute* --- quasi en commu-
nauté, *mss.*

6 *sont vestus* — sont tous vestus. *mss.*

9 *qu'ilz sont de peaulx* --- (Ces mots man-
quent dans les trois mss.)

11 *leur* — le, *mss.*

12 *iamais ne* — jamais les femmes ne, *mss.*

14 *pellé* — pille. *mss.*

15 *du doz d'ung cousteau* — dung cout-
teau. *AB.*

25 *plaines* — aussi plaines, *AB.*

31 a   5 *Ofizy* — Ozify. *mss.*

6 *de ce mesme* — de ce mesme bled. *AB*;
de semblable bled. *C.*

7 *on* — ont, *mss.*

9 *& de* — de. *mss.*

15 *eu lieu* — en lieu, *mss.*

25 *esprouué* — experimente, *AB.*

b   9 *tous nudz* — quasi tous nudz. *mss.*

9-10 *fort a croire* — increable. *mss.*

12-13 *hours, lieures, martres, regnardz & aultres*
—& ours, desquels nous apportoient.
mais bien peu pour ce quilz sont [fort
gourmands & . *C*] villains de leurs
vivres, *AB.*

17 *me semble* — Il me semble. *AB.*

18 *à dompter* — (ajoutez ·) en telle facon
& maniere que lon vouldroit, *AB.*

20 (Entre le chapitre qui vient de finir &
celui qui commence au bas de la
même page. l'édition de 1545, reproduite dans ce volume, offre une lacune de deux chapitres contenus
dans les trois manuscrits de la Bibliothèque impériale : ils pourraient être

immédiatement inférés ici ; mais il
sera plus commode pour le lecteur
de les trouver à la fin de cet appendice, en dehors de la recension de
détail qui nous occupe en ce moment.)

31 b 20 *fleuue* — fleuve en general, *BC.*

32 a 4 *le plus seur* — le plus parfond & le plus
seur, *mss.*

. . 8 *de Saguegnay* — du Saguenay, *mss.*

. . 9 *barcqs* — bancqs, *mss.*

. . 11 *plusieurs* — grand nombre de, *AB.*

. . 13 *à la terre* — en la terre, *mss.*

. b 5 *bort* — bout, *mss.*

. . 6 *affoug* — affourq, *mss.*

. . 9 *long* — large, *mss.*

. . 12 *comme jamais homme veist* — qu'il soit
possible de veoir, *AB.*

. 13 *de Donnacona* — du seigneur Donnacona, *AB.*

. . 18 *Araste, Starnatau* — Ajoaste, Starna-
tan, *mss.*

. . 19 *Scitadin* — Satadin, *LTQ.*

. . 24 *demeurerent* — demeurent, *mss.*

. . 25-28 *& la demourance & peuple de Tequenondahi, qui est sur une montaigne & la
ville de Hochelay, Lequel Hochelay est
ung plain pays* — est la demourance
du peuple de Tequenonday & de
Hochelay, Lequel Tequenonday est
sus une montagne & laultre en ung
plain pays, *mss.*

33 a 12-13 *bestes* — (ajoutez :) Nous y avons veu
les pas d'une beste qui n'a que deux
pieds, laquelle nous avons suyvie

longuement pardeffus le fable & vaze,
laquelle a les pieds en cefte facon,
& grands dune paulme & plus, *mss.*

33 *a* 16-17 *des beftes* — dicelles beftes, *AB.*

. . 17 *nulz* — nulz aultres, *AB.*

. . 21 *turnis* — tarins, *mss.*

. . 27 *memoire* — memoire d'homme, *mss.*

. *b* 11 *Canada.* — (ajoutez, à la ligne :) Item
trouuerez en juing, juillet & aouft
force macquereaulx, mulletz, bars,
fartres, groffe anguilles, & aultres
poiffons. Ayant leur faifon paffee y
trouverez lepelan auffi bon que en
la riuiere de Saine. Puis au renou-
veau y a force lamproys & faulmons.
Paffe ledict Canada y a force bro-
chetz, truytes, carpes, braumes &
aultres poiffons deaue doulce. Et de
toutes fes fortes de poiffons faict ledict peuple de chafcun felong leur
faifon groffe pefcherie pour leur
fubftance & victuaille, *mss.*

. . 15 *revenuz* — arrivez, *mss.*

. . 18 *plus prochains* — les plus prochains, *AC.*

. . 19 *parfors* — parfois, *mss.*

. . 22-23 *Donnacona* — (ajoutez :) Taignoagny.
Dom Agaya, *mss.*

. . 25 *plus loing* — loing, *mss.*

34 *a* 5 *chemin dudict* — chemin, & plus feur,
eft par ledict, *mss.*

. . 6 *à Hochelaga* — au deffus de Hochelaga, *mss.*

. . 18 *entrent* — entrant, *mss.*

. *b* 19 *lacz d'eaue* — (ajoutez :) fort larges,
mss.

34 a	26	*aller* — (ajoutez :) avec leurs barques depuis Saincte Croix, *mss.*
. .	27	*il y a* — il ny a, *mss.*
. b	3	*pommes* — prunes. *mss.*
. .	5	*& femmes* — & habitans. *mss.*
. .	8	*s'il y auoit* — sil y a, *mss.*
. .	9	*L'estime* — Je estime, *mss.*
. .	11	*marches* — merches. *mss.*
. .	12	*maladie* — maladie & mortalite, *B C.*
. .	14	*imbouez* — enlevez, *mss :* infectés, *Q.*
. .	22	*& ne* — & de ne, *mss.*
. .	26	*& de leur* — & leur, *mss.*
35 a	6	*tout* — tous, *mss.*
. .	17	*veoyent* — veyoient debout. *mss.*
. b	4	*La messe dicte & celebree* — Ladicte messe dicte & chantee, *mss.*
. .	6	*Dame de* — Dame, qui se faict de prier a, *mss.*
. .	10	*vingt deux ans* — vingt ans, *mss.*
. .	11	*nous estoit* — estoit, *mss.*
. .	13	*cognoissance* — aucune cognoissance, *mss.*
. .	21	*infect* — & infect, *mss.*
. .	27-28	*à mieulx* — au mieulx. *mss.*
36 a	1	*pardonne* — pardoint, *mss.*
. .	9	*pour son compaignon* — pour les aultres, *mss.*
. .	22-33	*faisoit* — il faisoit, *mss.*
. .	24	*du fort* — du parcq, *mss.*
. b	3	*donner* — chommer, *mss.*
. .	4	*croyent* — croyoient, *mss.*
. .	6	*cailloufz* — cailloudz. *mss.*
. .	17	*& places* — englassez. *mss.*
37 a	1	*auoit* — y auoit. *mss.*
. .	10	*contenoit...dudict* — contient... de. *mss.*

37 a	11	*durant lequel temps* — auquel temps, *mss.*
..	14	*euſſions* — (ajoutez :) leſquelz mouroient de la maladie ſus dicte, *mss.*
..	24-25	*guariz apres auoir uſé dudict arbre.* -- guariz & recouuert tous les malades ſante apres en auoir uſe, *BC.*
37 b	4	*dehors du fort* — hors du parc, *C.*
..	8	*dix* — depuys dix, *mss.*
..	9	*de ladicte* — de la propre, *mss.*
..	12	*tout* — tous, *mss.*
..	16	*deliberé* — guery, *AB;* delibure, *C.*
..	17	*il eſtoit* — il feſtoit, *mss.*
..	18	*ordre* — aide, *mss.*
..	21	*qu'il auoit* — que auecq, *mss.*
..	22	*dont il* — il, *mss.*
..	23	*c'ſtoit* — ceſtoit, *mss.*
39 a	3	*femmes* — (ajoutez :) avecq le cappitaine, *mss.*
..	4	*leſquelles* — leſquelz, *mss.*
..	9-10	*toute maladie* — toutes maladies, *mss.*
..	11	*Ameda*—Amedda, *mss;* Annedda, *LTQ.*
..	16-17	*Tout incontinent* — Toſt apres, *mss.*
..	24	*cinq* — puis cinq, *mss.*
..	27	*ladicte* — ſus ladicte, *mss.*
.b	1-2	*que cheſne qui ſoit en France* — que je viz jamais arbre, *mss.*
..	2-3	*en ſix iours*—en moins de huit jours, *mss.*
..	11	*Donacona* — Donnacona, *BC.*
..	12	*aultres* — (ajoutez :) partirent de Stadacone, *BC.*
..	14	*furent* — leſquelz furent, *BC.*
..	24	*eſtoient* — eſtoient grandes, *mss.*
39 a	10	*ilz euſſent* — ilz neuſſent, *mss.*
..	18	*aymoient l'emporter* — laymoient remporter, *mss.*

39 a	23	*du malade* — le malade, *B C.*
. .	25	*vers luy* — le veoyr, *B C.*
. b	6	*dient* — nous dirent, *mss.*
. .	7	*cher* — chaire, *mss.*
. .	21	*au* — audict, *mss.*
. .	22	*seroit* — estoit, *mss.*
. .	24	*qui nous donna doubte* — Au moyen de quoy eusmes suspection, *mss.*
. .	26	*seruiteur* — (ajoutez :) nomme Charles Guyot lequel estoit plus que nul aultre ayme du peuple de tout le pays, *mss.*
. .	.	*accompaigné de Iehan poullet* — (Ces mots ne se trouvent dans aucun des trois mss, pas plus que dans *L.*)
. .	28	*que* — qui, *mss.*
40 a	1-2	*faignans les dictz poullet & seruiteur* — ledict seruiteur faignant, *mss.*
. .	3	*qu'ilz auoient esté* — quil auoit demoure, *mss.*
. .	4	*à leur ville* — (Ces mots manquent dans les trois mss.)
. .	4-5	*lesquelz luy porterent* — lequel luy porta, *mss.*
. .	5	*aucun petit present* —aucun present, *mss.*
. .	6	*leur venue* — sa venue, *mss.*
. .	7	*se couche* — se coucha en disant audict seruiteur quil estoit fort malade, *mss.*
. .	.	*apres allerent* — apres alla ledict Charles, *mss.*
. .	9	*trouuerent* — trouua, *mss.*
. .	10	*on si* — on ne si, *mss.*
. .	13-14	*les... leur...* — le... luy, *mss.*
. .	15	*faire ce plaisir* — faire plaisir, *mss.*
. .	20	*& que ledict seruiteur* — & quil, *mss.*

40 a	21	*dire* — luy dire, *mss.*
. .	26	*Auſſi* — Et auſſi, *mss.*
. .	27-28	*le dict ſeigneur* — (ajoutez :) Donna-cona, *mss.*
. b	1	*Accidentaulx* — Occidentaulx, *mss.*
. .	10	*Picquemyans* — Picquenyans, *mss;* Picqueniaux, *L;* Picquevions, *T;* Piquemains, *L.*
. .	16-17	*leſdictz Poullet & ſeruiteur eurent faict leur* — ledict ſeruiteur eut faict ſon, *mss.*
. .	21	*vouloit* — vouldroit, *mss.*
41 a	4	*Sicadin* — Stadin, *A B;* Sitadin, *C;* Stadin, *LTQ.*
. .	7	*les* — le, *A B.*
. .	14	*Enfin* — Mais en fin, *A B.*
. .	21	*enfans* — garcons, *A B.*
. b	4	*dudict lieu* — dudict Stadacone, *mss.*
. .	7	*ledict ſeigneur* — le ſeigneur, *B.*
. .	13	*ſolempnité de la feſte* — ſolempnite & feſte, *mss.*
42 a	16	*il entreroit* — ilz y yroient, *A B;* ilz entreroient, *C.*
. b	1	*& de deux autres* — & deux aultres, *mss.*
. .	11	*la prinſe* — ladicte prinſe, *mss.*
. .	16	*retirez* — tous retirez, *mss.*
. .	17	*garde* — (ajoutez :) ledict ſeigneur & ſes compaignons, *A B.*
. .	27	*hurlant* — ullant, *A B.*
43 a	1	*Agouhanna* — Agohanna! Agohanna! *mss.*
. .	3	*n'y lendemain* — ny le matin, *mss.*
. .	14	*Roy de France* — (ajoutez :) ſon maiſtre, *mss.*
. .	16	*aultres* — aultres lieux, *mss.*
. .	24	*d'entendre par faulte de langue* — deſ-

cripre par faulte de lentendre, *mss.*

43 *a* 25 *viſſent* — vinſſent, *mss.*

. *b* 2 *commencerent* — commencoient a faire,
mss.

. . 5 *de Eſurgny* — dEnogny, *A B;* dEſnogny, *C.*

. . 11-12 *commanda* — leur commanda, *A B.*

. . 12 *le lendemain* — (Ces mots ne ſont dans
aucun des trois mss.)

. . 15 *paiſles* — pailles, *A B;* bailles, *Q.*

44 *a* 6 *Le cinquieſme* — Le lendemain cinquieſme, *mss.*

. . 11 *ilz eſtoient* — y eſtoient, *mss.*

. . 17 *eſtre* — apres eſtre, *A B.*

. . 18 *leur* — (Ce mot manque dans les mss.)

. . 26 *mais qu'il* — que mais quil, *A B.*

. *b* 2 *deſurgny* — dEſnogny, *mss.*

. . 3-4 *le peuple* — tout le peuple, *mss.*

. . 7-8 *vinſmes* — (ajoutez :) poſer au bas de
liſle dOrleans environ douze lieues
de Saincte Croix. Et le dymanche
vinſmes, *mss.*

. . 9 *au ſezieſme* — au lundy xvj^e, *mss.*

. . 23 *à une voix* — tous a une voix, *mss.*

. . 27 *du Saguenay* — dudict Saguenay, *mss.*

45 *a* 1 *Deſurgny* — deſnogny, *mss.*

. . 5 *ledict cappitaine* — (ajoutez :) puis s'en
retournerent.
Le paſſaige eſt plus ſeur & meilleur
entre le Nort & ladicte yſle que vers
le Su pour le grand nombre des
baſſes, bancqs & rochiers qui y ſont
& auſſi quil y a petit fondz . *mss.*

. . 16 *par ce* — pour ce, *mss.*

. . 21 *au 21* — au xxj^e jour, *mss.*

45 a	23	*Honguedo* — (ajoutez :) entre lisle de lAssumption & ledict Honguedo, *mss.*
. .	25	*le trauers* — jusques le trauers, *mss.*
. .	26	*de l'abbaye* — de la baye, *mss.*
. b	1	*veismes* — vinsmes, *mss.*
. .	2	*ce que ne voulions* — ce que voulions. *mss.*
. .	2-3	*pour l'abbregé* — pour la barge, *AB.*
. .	15	*icelle* — icelle mer, *mss.*
. .	16	*changeoit* — chargeoit, *mss.*
. .	21	*deux lieues & demye* — vingt deux lieues & demye, *mss.*
. .	23	*haultes... demeurent* — aultres... demouroient, *mss.*
. .	24	*Araynes* — (ajoutez :) & pareillement lesdictes Araines estre ysle & ladicte terre, qui est terre haulte & unye, estre terre certaine, se rabatant au Norouaist, *mss.*
46 a	1	*arrivasmes celluy iour au* — nommasmes celui cap. *mss.*
. .	5	*veismes* — demeure, *mss.*
. .	11	*du cap* — dudict cap, *mss.*
. .	20	*Onaist, Noronaist à une, vingt trois lieues* — Ouest Norouaist a 2, 3, & 4 lieues. *mss.*
. .	28	*Rougnoze* — Rougnouse. *mss.*
. b	17	*Honnacon* — honnaccon, *C.*
. .	19	*Indahir* — indaic, *AB;* indayc, *C.*
. .	23	*assem* — assen, *mss.*
. .	25	*aggourzy* — aggoursy, *AB.*
47 b	2	*hegata* — hecgata, *C.*
	6	*osuache* — Esnache. *C.*
.	13	*coustez* — costes. *AB.*
	14	*aggruascon* — aggoascon *mss.*

47 a 　17 *le genouil* — les genoilz, *A B.*

． *agochinegodaſion* — agochinegodaſ-
con. *mss.*

18 *agouguenehonde* — agouguenonde, C.

23 *aynoaſcon* — agnaſcon, *mss.*

24 *ung* — le, *mss.*

(Entre les lignes 24 & 25 doivent
être ajoutés, d'après les trois mss,
trois articles, omis ici & qu'on trouvera réunis avec beaucoup d'autres
qui font dans le même cas, à la fin du
vocabulaire.)

26 *agrueſte* — aggruette, *mss.*

.b 　3 *propoinct* — pourpoinct, *A;* pre-
poinct, *B C.*

． *coioza* — coja, *A B.*

7 *caſtrua* — caſtona, *mss.*

8 *oſizy* — oziſy, *A B.*

11 *quahouaſcon* — quahoachon, *mss.*

22 *caiognem* — cajognen, *mss.*

24 *heuleuxime* — heuleuzonne, *mss.*

26 *hoga* — honga, *mss.*

27 *Cudragny* — Cudouagny, *mss.*

48 a 　2 *quatfream* — quat frean, *mss.*

3, 5 *caſigno* — quaſigno, *mss.*

4 *aignaz* — aigay, *mss.*

6 *quaddadia* — quadadia, *mss.*

10 *agoheda* — aggoheda, *mss.*

13 *ung... quahetam* — une... quahetan, *mss.*

16 *de dains ilz dient que ſe ſont moutons &
les appellent* — ung daim, *mss.*

19 *agayo* — aggayo, *A B.*

20 *ouyayes* — oayes, *mss.*

21 *le chemin* — ilz appellent le chemin, C.

22 *ou* — &, *A B.*

65

48 *a* 24-25 (Cet article manque dans le mss C.)
. *b*   3 *cahoha* — cahena, *A B*; cahona, *C.*
. .   4 *agogafy* — agongafy, *A B.*
. .   11 *odazan* — odayan, *A B*; odaian, *C.*
. .   12 *azifta* — afifta, *mss.*
. .   14 *canocha* — quanocha, *mss.*
. .   18 *adanahoe* — adhanaoe, *C.*
. .   20 *adhoaffeue* — addafene, *mss.*
. . 21-23 (Cette phrafe eft remplacée dans les mss de la manière fuivante :) Nota que leur feigneur nomme Donnacona a efte a une terre ou ilz font une lune a aller auecques leurs barques, depuis Canada a ladicte terre en laquelle il y croift force canelle & giroffle, *A B.* — Nota quil fault une lune a nauiguer auecques leurs barques defpuis Hochelaga pour aller a la terre ou fe prend ladicte canelle & giroffle, *C.*
. .   24 *la canelle* — ladicte canelle. *A B.*

(Nous réuniffons en une feule férie, pour former le complément de ce vocabulaire, les articles omis dans l'édition de 1545, & qui fe rencontrent à diverfes places, foit uniformément dans les trois mss, foit feulement dans le mss C, plus riche fous ce rapport que les deux autres; leur place eft indiquée par le double chiffre des lignes entre lefquelles ils fe trouvent intercalés.)

47 *a* 24-25 La barbe du menton -- oftone. *mss.*
. . . . La barbe du vit — aggouffon, *mss.*
. . . . Les coillons — xifta. *mss.*

47 b 16-17 Senelles de buiſſon — aeſqueſgoua, *AB*; aeſqueſgoa, *C.*

. . . . . Petites noix — undegonaha, *mss.*

. . 24-25 Des olliues — houocohonda, *mss.*

48 a 9-10 Cela ne vault rien — ſahanty quahou-quey, *mss.*

. . 13-14 Des plumes — heccon, *mss.*

. . 25-26 Quand ilz veullent dire adieu a quelcun ilz dient — hedgaguehanyga. *mss.*

. . . . Chanter — theguehoaca, *mss.*

. . . . Rire — cahezem, *mss.*

. . . . Pleurer — agguenda, *mss.*

. . . . Danſcer — thegoaca, *C.*

. b 4-5 Eaue doulce — ame, *mss.*

. . 11-12 Grand merſoin — adguyenſce, *C.*

. . . . Mon amy — agniaſe, *mss.*

. . . . Courez — thodoathady, *mss.*

. 13-14 La fumee me fait mal es yeulx — quea quanoague eguta, *mss.*

. . . . Ung tel eſt mort — camedane, *mss.*

. . 16-17 Nota que leur ſeigneur a nom Donna-cona (*T* a lu conſtamment ce nom Donnacoua) & quant ilz le veullent appeler ſeigneur ilz l'appellent Agou-hanna, *C.*

. . . . Quand ilz veullent dire injure a quelcun ilz lappellent Agojuda que eſt a dire mechant & traiſtre — agojuda, *mss.*

. . . . Villain — aggouſay, *mss.*

. . . . Ilz appellent lherbe de quoy ilz uſent en leurs cornetz durant lyver — quiecta, *mss.*

. . . . Herbe commune — hanneda, *C.*

. . . Il y a de gros ratz en ledict pays qui ſont gros comme connins leſquelz

sentent le musque & les appellent —
houtthe, *A B*.

. . . . . Quant une personne est si viel quil ne
peult chemyner ilz lappellent — agou-
desta, *mss*.

. . 20·21 Mon cousin — hegay, *mss*.

. . . . . Mon nepueu — ynadin, *mss*.

. . . . . Ma femme — ysaa, *mss*.

. . . . . Mon enffant — aguo, *mss*.

. . . . . Cheminez — quedaque, *C*.

. . 4 . . Dou venez vous — canada undagne-
ny, *C*.

. . . . . Donnez cela a quelcun — taquenon-
de, *C*.

. . . . . Gardez moy cecy — sodanadega mes-
ganiy, *C*.

. . . . . Ou est alle cestuy — quanehoesnon, *C*.

. . . . . Fermez la porte — asnodyan, *C*.

. . . . . Va querir de leaue — sagethemme, *C*.

. . . . . Va querir quelcun — achedascone, *C*.

. . . . . Grand — estahezy, *mss*.

. . . . . Petit — estahagza, *mss*.

. . . . . Gros — houganda, *mss*.

. . . . . Gresle — houcquehin, *A B*; hocque-
hin, *C*.

. . . . . Le soir — Angau, *C*.

. . . . . La nuyct — Auhena, *C*

. . . . . Le jour — Adeyahon, *C*.

. . . . . Quand ilz veullent faire quelque excla-
mation ilz dyent — aggondec, *A B*.

—

Ici se termine la recension de détail des variantes
offertes par les manuscrits & les éditions du second
voyage de Jacques Cartier au Canada. Nous avons

renvoyé à cette place l addition à faire, à l'édition de 1545 repréfentée par le préfent volume, des deux chapitres omis dans la copie (fi foigneufement enrichie au contraire des faits & geftes de l'important perfonnage Jehan Poullet !) fur laquelle a été exécutée cette primitive édition.

Elle ne préfente, en effet, qu'un total de vingt chapitres, à féparer en deux parts de dix chapitres chacune, entre lefquelles doivent juftement s'intercaler les deux chapitres oubliés, que voici :

℩ *Comme ledict peuple de jour en jour nous apportoient du poiffon & de ce quilz avoyent a noz navires, & comme par l'aduertiffement de Taignoagny & Dom Agaya ledict peuple fe retira de venyr & côme il y eut aucun difcort entre nous & eulx.*

ET defpuis de iour en aultre venoit ledict peuple a noz nauires & apportoient force anguilles & aultres poiffons pour avoir de noftre marchandife, de quoy leur eftoit baille coufteaulx, allaifnes, patenoftres & aultres menues chofes dont fe contentoient fort; mais nous aperceufmes que les deux mefchans que avions apportez leur difoient & donnoient a entendre que ce que nous leur baillons ne valloit riens & quilz auroient auffi toft des hachotz comme des coufteaulx pour ce quilz nous bailloient, nonobftant que le cappitaine leur euft faict beaucoup de prefens & fi ne ceffoient a toutes heures de demander audict capitaine. Lequel fut adverti par ung feigneur de la ville de Hagonchenda quil fe donnaft garde de Donnaconna & defdicts deux mefchans & quilz eftoient agoinda qui eft a dire traiftres. Et auffi en fut adverty par aucuns dudit Canada, & auffi que nous apperceufmes de leur malice parce quilz voulloient retirer les trois enfans que ledict Donnacona avoit donnez audict cappitaine, & de faict firent fuyr la plus grande des filles du navire. Après laquelle ainfi fuye fift le cappitaine prandre garde es aultres. Et par l'advertiffement defdicts Taignoagny & Dom Agaya, fe abftenoient & depportoient de venir avec nous quatre ou cinq iours, finon aulcuns qui venoient en grand paour & crainte.

℄ *Commēt le cappitaine doubtant quilꝫ ne fon-gaffent aucune trahifon fift renforcer le fort & commēt ils vindrent parlementer avecques luy & la rendition de la fille qui fen eft fuye.*

Oyant la malice deulx, doubtant quilz ne fongeaffent aucune trahifon & venir avecques ung amaft de gens fur nous, le capitaine fit renforcer le fort tout a lentour de groz foſſez larges & profondz avec porte a pont-leviz & renſſort de pans de boys au contraire des premiers. Et fut ordonne pour le guet de la nuyt pour le temps advenir cinquante hommes a quatre quars & a chaſcun changement deſdicts quars les trompettes ſonnans ce qui fut faict ſelong ladicte ordonnance. Et leſdicts Donnacona Taignoagny & Dom Agaya eſtans advertiz dudict renſſort & de la bonne garde & guet que lon faiſoit furent courroucez deſtre en la male grace du cappitaine & envoyerent par pluſieurs fois de leurs gens faignant quilz feuſſent dailleurs pour veoir ſi on leur feroit deſplaiſir deſquelz on ne tint compte & nen fut faict ny monſtre aucun ſemblant. Et y vindrent leſdicts Donnacona Taignoagny, Dom Agaya & aultres pluſieurs fois parler audict cappitaine une riuiere entre d'eulx, demandant audict cappitaine ſil eſtoit marry & pourquoy il nalloit a Canada les veoir. Et ledict capitaine leur reſpondit quilz neſtoient que traiſtres & meſchans ainſi que on luy avoit rapporte, & auſſi quil avoit apperceu en pluſieurs ſortes comme de navoir tins promeſſe de aller a Hochelaga & de avoir retire la fille que on luy avoit donnee, & aultres mauvais tours quil leur nomma ; mais pour tout ce que ſilz voulloient

eftre gens de bien & oublyer leur malle vo-
lunte, quil leur pardonnoit & quilz vinffent
feurement a bort faire bonne chere comme
pardevant. Defquelles parolles remercierent
ledict cappitaine & luy promifrent quilz luy
rendroient la fille qui fen eftoit fuye, dedans
trois jours. Et le quatriefme iour de novembre Dom Agaia accompaigne de fix aultres
hommes vindrent a noz navires pour dire audict cappitaine que le feigneur Donnacona
eftoit alle par le pays fercher ladicte fille &
que le lendemain elle luy feroit par luy ame-
nee. Et oultre dit que Taignoagny eftoit fort
malade & quil prioit le cappitaine luy en-
voyer ung peu de fel & de pain, ce que fift
ledict capitaine, lequel luy manda que ceftoit
Jhefu qui eftoit marry contre luy pour les
maulvais tours quil avoit cuyde jouer.

Et le lendemain ledict Donnacona, Taignoagny, Dom Agaya & plufieurs aultres vindrent & amenerent ladicte fille, la reprefen-
tant audict cappitaine lequel nen tint compte
& dict quil nen voulloit point & qu'ilz la rem-
menaffent. A quoy refpondirent faifant leur
excufe quilz ne luy avoient pas confeille fen
aller ains quelle fen eftoit allec parce que les
paiges lavoient battue ainfi quelle leur avoit
dict, & prioient de rechief le cappitaine de la

reprendre, & eulx mefmes la menerent jufques au navire. Apres lesquelles chofes le cappitaine commanda apporter pain & vin & les feftoya, puis prindrent conge les ungs des aultres. Et defpuis font allez & venuz a noz navires & nous a leur demourance en auffi grand amour que pardevant.

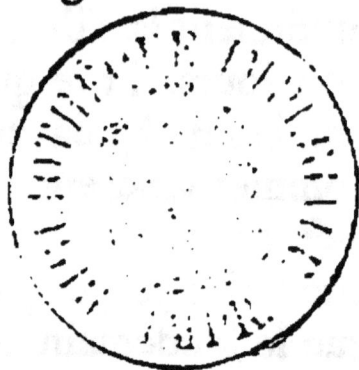

CENT CINQ RONDEAULX D'AMOUR

Publiés, d'après un manuscrit du commencement du seizième siècle, par Edwin Tross, *Imprimerie de M. Louis Perrin, à Lyon,* 1863, 1 vol. in-12, avec *fac-simile*, br.

Papier de Hollande, tiré à 222 exemplaires . . . . 12 fr.

Volume imprimé en caractères italiques, en rouge & en noir, réglé, exécuté d'une manière particulière, une des plus belles productions des presses de M. Louis Perrin. C'est le premier ouvrage qui ait été exécuté dans ce genre.

La suite de ces 105 *Rondeaux* forme un très-joli roman amoureux. Excepté les deux premiers & le dernier, tous ces *Rondeaux*, écrits en regard l'un de l'autre, contiennent une demande ou une proposition faite par l'homme, à laquelle la dame répond par un autre *Rondeau*. L'homme fait une déclaration, la dame la repousse. L'homme revient à la charge, prie & supplie; à la fin la dame cede. Mais après les jouissances arrivent les angoisses. La dame devient jalouse, tombe malade, languit & se meurt de chagrin. L'homme, repentant, quitte le monde, pour se vouer à la vie solitaire. C'est un poème rempli de naïveté, de tristesse & de charme.

IL VIENT DE PARAÎTRE

CANTIQUE *faict à l'honneur de Dieu par Henry de Bourbon IIII* de ce nom, très-chrétien Roy de France & de Navarre, après la bataille obtenve sur les Ligveurs en la plaine d'Ivry, le 14 de mars 1591. *Nouvellement imprimé à Lyon par Lovis Perrin.* Pet. in-8°, tiré à 70 exemplaires.

Prix sur papier ancien . . . . 2 fr. 50
— sur peau de vélin . . . . 15 »